Max Kaufmann

Heines Liebesleben

Kaufmann, Max: Heines Liebesleben.
Hamburg, SEVERUS Verlag 2011.

ISBN: 978-3-86347-103-3
Druck: SEVERUS Verlag, Hamburg, 2011
Lektorat: Inga Porath

Der SEVERUS Verlag ist ein Imprint der
Diplomica Verlag GmbH.

Bibliografische Information der Deutschen National-bibliothek:
Die Deutsche Nationalbibliothek verzeichnet diese Publikation in der Deutschen Nationalbibliografie; detaillierte bibliografische Daten sind im Internet über
http://dnb.d-nb.de abrufbar.

Die digitale Ausgabe (eBook-Ausgabe) dieses Titels trägt die ISBN 978-3-86347-104-0 und kann über den Handel oder den Verlag bezogen werden.

© **SEVERUS Verlag**
http://www.severus-verlag.de, Hamburg 2011
Printed in Germany
Alle Rechte vorbehalten.

Der SEVERUS Verlag übernimmt keine juristische Verantwortung oder irgendeine Haftung für evtl. fehlerhafte Angaben und deren Folgen.

Einleitendes Vorwort

> Ich bin der Pförtner, der Euch diese Galerie aufschlägt, und was ihr bis jetzt gehört, war nur eitel Schlüsselgerassel.
> (Heine-Vorrede zu Shakespeares „Mädchen und Frauen".)

Etwas Neues über Heine !? — So höre ich ungläubig den verehrten Leser und die liebenswürdige Leserin ausrufen. Ja, in der Tat. Manche guten biographischen Werke mögen über den Dichter erschienen sein, von welchen wohl diejenigen von Adolf Strodtmann, Gustav Karpeles und Robert Prölß die besten und ausführlichsten sind. Dennoch eine große Lücke ist nicht wegzuleugnen; die gewaltigen Leidenschaften, welche das Herz des großen Dichters von den Jünglingsjahren an bis zur Stunde seines Todes bewegten, werden nur gestreift, angedeutet oder fehlen gänzlich! — — Und doch sind es gerade diese „Passionen", welche den gewaltigsten Einfluß auf das ganze Schaffen und Wirken Heines ausgeübt haben. Ohne genaue Kenntnis derselben ist der Dichter überhaupt nicht zu verstehen. „Der Liebe für schöne Frauen war mein Leben gewidmet", beichtet der „ungezogene Liebling der Grazien" selbst am Ende seines Lebens in den „Memoiren". Ja, man darf ohne zu übertreiben die Behauptung aufstellen, daß erst der Ausgang der Tragödien seines frühesten Jünglingsalters Heine zum klassischen Dichter gemacht hat. Über dieses Thema habe ich bereits ausführlicher geschrieben und bemerke ich, daß die diesbezügliche Studie „Heinrich Heines Liebestragödien" im Verlage von Sterns literarischem Bulletin der Schweiz, Zürich und Leipzig, erschienen ist.

Vorliegendes Werk bildet nun einen vollständigen Kommentar über die gesamten Liebesverhältnisse des Dichters, führt uns die einzelnen Gestalten naturgetreu vor Augen, stellt die herrlichsten Perlen seiner Poesie an ihren richtigen Platz. Nicht ein einziger der „historisch" gewordenen und überall im Volksmunde bekannten und teilweise gesungenen Verse Heines ist vergessen, alle haben sie ihre „Geschichte", von dem für ihn so tragisch verlaufenen Ausgang der Tragödien seiner Jugend bis zur letzten Liebe, seiner „Schattenliebe", wie sie der sterbende Heine in seiner sich satirisch selbstverhöhnenden Weise nannte. — Durch langes, liebevolles Studium des Dichters ist es mir gelungen, dies zu bewerkstelligen und hat mir auch meine Eigenschaft als geborener Hamburger dabei insofern gute Dienste geleistet, als es mir möglich war, „auf dem klassischen Boden" der Heine'schen Jugendliebe, wie der Dichter einmal in ironisierender Weise selbst in einer Briefstelle an Varnhagen von Ense die alte Hansestadt nannte, die geeigneten Forschungen zu unternehmen. Manchen wird es vielleicht nicht unbekannt sein, daß letztere durch die eigenen noch lebenden Verwandten des Dichters aufs Möglichste aus „Familienrücksichten" erschwert werden.— Heinrich Heine gehört aber nun wohl doch in ers-

ter Linie dem deutschen Volke
an und erst in — zweiter seinen überlebenden Neffen und Nichten, deren Pflicht und Schuldigkeit es wäre, „dem Volke zu geben, was des Volkes ist". —

Die „Memoiren" des Dichters sind bekanntlich leider verschwunden, bleiben verschwunden und werden wohl schwerlich wieder das Tageslicht erblicken. Im österreichischen Staatsarchive ruheten sie, meinen die Einen, im französischen die Anderen, von seinen Verwandten vernichtet oder in Gewahrsam gehalten, lautet die dritte Version. Selbst das kleine Fragment der letzten Memoiren wurde noch von Max Heine, dem jüngsten Bruder, bei einem Besuche desselben bei der Witwe des Dichters mit der Schere „zugestutzt"!
— — „Zufälligerweise" handelte diese zugestutzte Stelle von Therese Heine, der Base und Jugendliebe unseres Dichters. — Doch alles Totschweigen aus „Familienrücksichten" und andern Gründen nützt nichts mehr. Heine selbst erzählt uns alles wahrheitsgetreu in seinen Werken. — Man muß es nur zu finden verstehen. — —

Leider versucht man es noch immer, den Dichter in jeder Weise zu verhetzen, ihn vom Herzen seines Volkes gewaltsam loszureißen oder ihn einfach „totzuschweigen". Er sei „antinational" und „unmoralisch" gewesen, rufen seine vielen Widersacher. Nichts ist wohl unsinniger und unwahrer wie das. Diejenigen, welche dies behaupten, haben Heine nie zu verstehen vermocht. Was er verspottete, war nicht das Deutschland von heute, sondern das Deutschland, das er hörte „schnarchen"; es schlief da unten in der sanften Hut von sechsunddreißig Monarchen, das er aus dem Schlafe rütteln wollte. „In meiner Seele," sagte er einmal, „lebt zu sehr Liebe für Deutschland und Verehrung deutscher Herrlichkeit, als daß ich einstimmen könnte in das unsinnige Gewäsch jener Pfennigmenschen, die mit dem Deutschtum kokettieren." —

Den zahlreichen Widersachern des Dichters möchte ich ein Epigramm des schweizerischen Dichters Vogel von Glarus, an einen Heinegegner gerichtet, zurufen: *)

„Immer schmähst du ihn, den Dichter, der die Leidenskrone trug:
O, Du gleichest jenem Esel, der den toten Löwen schlug."

„Verweigert nur dem Dichter der ‚Loreley' in seinem von ihm so herrlich besungenen Rheinlande ein Denkmal nach dem anderen. Ihr entehrt Euch nur selber damit; das schönste Monument, dasjenige im Herzen seines Volkes, könnt Ihr ihm doch niemals rauben!"

Begeistert ruft in seinem Werke über Heine der berühmte italienische Lyriker Zendrini aus:**)

„Der tote Heinrich Heine singt noch immer!"

---

*) Wespen, von Vogel von Glarus. Verlag von J. Vogel. Glarus. *p. 48.*
**) *Enrico Heine, il Canzoniere, di Bernadino Zendrini. Milano 1884. Ulrico Hoepli. p. 50.*

So möge denn diese treue Darstellung von des Dichters Lieben und Leiden am Vorabende des hundertjährigen Gedenktages seiner Geburt hinauswandern in die deutschen Lande und Herzen, um sich in denselben einen dauernden Platz zu erobern. —

Mailand, im Oktober 1897

Max Kaufmann

Inhaltsverzeichnis

Kapitel		Seite
	Einleitendes Vorwort	V
I.	Das rote Sefchen	1
II.	Amalie Heine	13
III.	Therese Heine......................................	52
IV.	Mirjam..	65
V.	Die „Freundinnen" Rahel und Friederike	67
VI.	Donna Clara	72
VII.	Harzidyll...	75
VIII.	Das schöne Fischermädchen	77
IX.	Der Nordseestern...................................	79
X.	Agnes, eine unbekannte Liebe	82
XI.	Pariser Frauenbilder	87
XII.	Prinzessin von Belgiojoso und Gräfin Kalergis	93
XIII.	Madame Henri Heine	99
XIV.	Passionsblume	126

Was will die einsame Träne?
Sie trübt mir ja Blick,
Sie bleibt aus alten Zeiten
In meinen Augen zurück.

*

Ich weiß nicht, was soll es bedeuten,
Daß ich so traurig bin,
Ein Märchen aus uralten Zeiten
Das kommt mir nicht aus dem Sinn.

*

13. Dezember
1797 bis 1897

I. Das rote Sefchen

> „So schwärmt Romeo erst für Rosalinde,
> ehe er seine Julia sieht."
>
> Heine-Memoiren

„Welche schreckliche Krankheit ist die Frauenliebe!"

Kein anderer als Heine selbst ist es, welcher uns dieses Bekenntnis verrät, und kein zweiter wäre besser imstande dazu gewesen, wie er, der so viele Schlachten mit dem kleinen Liebesgotte glücklich gekämpft, sich aber auch unheilbare Wunden in diesem Kampfe zugezogen hatte.

„Es stand geschrieben, daß ich von dem Übel der Pocken des Herzens stärker als andere Sterbliche heimgesucht werden sollte, und mein Herz trägt die schlecht vernarbten Spuren in so reichlicher Fülle, daß es aussieht, wie die Gipsmaske des Mirabeau oder wie die Fassade des Palais Mazarin nach den glorreichen Juliustagen oder gar wie die Reputation der größten tragischen Künstlerin."[*]

Am Spätabend seines Lebens war es, als der Dichter diese Worte niederschrieb. Die unheilvolle Krankheit hatte bereits seinen Körper vollständig gelähmt, während sie seinem gewaltigen Geiste Nichts anhaben konnte. Sein Tagwerk war vollbracht, aber eins lag ihm noch auf dem Herzen, er wollte seine eigenen getreuen Bekenntnisse, die

---

[*] Rachel.

großen Begebenheiten, namentlich aber erlebte Liebeslust, und noch mehr empfundenes Liebesleid mit getreuen Pinselstrichen der Nachwelt schildern. Schon einmal hatte Heine seine „Memoiren" geschrieben, dieselben aber teils aus Familienrücksichten, teils aus religiösen Bedenken später wieder vernichtet. Als er zum zweitenmal mit der Abfassung seiner Erlebnisse kaum begonnen, unterbrach der unerbittliche Tod die Arbeit des schon seit Jahren „sterbenden" Dichters.

Fürwahr ein unersetzlicher Verlust für unsere Literatur!

Doch das, was uns noch von diesem Fragmente erhalten geblieben, ist die Schilderung der Herzensneigung seines frühesten Jünglingsalters zum „roten Sefchen", des Scharfrichters Töchterlein. Wer hätte dies auch in schöneren Farben zu schildern vermocht, als Heine selbst!

Lauschen wir also ein Weilchen der Beichte des Dichters.

Nachdem derselbe von der sogenannten Meisterin von Goch, welche in dem Ruf der Zauberei stand, und die Tante seines „Sefchens" war, welche bei derselben wohnte, und welche er öfters zu besuchen pflegte, berichtet hat, fährt er folgendermaßen fort:

„Es war aber wahrlich nicht die Hexerei, was mich zuweilen zur Göcherin trieb. Ich unterhielt die Bekanntschaft mit der Göcherin und ich mochte wohl schon im Alter von sechzehn Jahren sein, als ich öfters als früher nach ihrer Wohnung ging, hingezogen von einer Hexerei, die stärker war als alle ihre lateinisch bombastischen Philtraria. Sie hatte nämlich eine Nichte, welche ebenfalls kaum sechzehn Jahre alt war. aber, plötzlich aufgeschossen zu einer hohen schlanken Gestalt, viel älter zu sein schien. Das plötzliche Wachstum war auch schuld, daß sie äußerst mager war. Sie hatte jene enge Taille, welche wir bei den Quarteronen in Westindien bemerken, und da sie kein Korsett und keine Dutzend Unterröcke trug, so glich ihre enganliegende Kleidung dem nassen Gewande einer Statue. Keine marmorne Statue konnte freilich mit ihr an Schönheit wetteifern, da sie das Leben selbst und jede Bewegung die Rhythmen ihres Leibes, ich möchte sagen sogar die Musik ihrer Seele offenbarte. Keine von den Töchtern der Niobe hatte ein edler geschnittenes Gesicht; die Farbe desselben wie ihre Haut überhaupt war von einer etwas wechselnden Weiße. Ihre großen tiefdunklen Augen sahen aus, als hätten sie ein Rätsel aufgegeben und warteten ruhig auf die Lösung, während der Mund mit den schmalen hochaufgeschürzten Lippen zu sagen schien:

„„„Du bist zu dumm und wirst vergebens raten."""

„Ihr Haar war rot, ganz blutrot und hing in langen Locken bis über ihre Schultern herab, so daß sie dasselbe unter dem Kinn zusammen binden konnte. Das gab ihr aber das Aussehen, als habe man ihr den Hals abgeschnitten und in roten Strömen quölle daraus hervor das Blut. Die Stimme der Josefa, oder des roten „Sefchen", wie man die schöne Nichte der Göcherin nannte, war nicht besonders wohllautend und ihr Sprachorgan war zuweilen bis zur Sprachlosigkeit verschleiert, manchmal aber brach der metallreichste Ton hervor, der mich ganz besonders durch den Umstand ergriff, daß die Stimme der „Josefa" mit der meinigen eine so große Ähnlichkeit hatte. Wenn sie sprach, erschrak ich zuweilen und glaubte mich selbst sprechen zu hören, und auch ihr Gesang erinnerte mich an Träume, wo ich mich selber mit derselben Art und Weise singen hörte. Sie wußte viele alte Volkslieder und hat vielleicht bei mir den Sinn für diese Gattung erweckt, wie sie gewiß den größten Einfluß auf den erwachenden Poeten übte, so daß meine ersten Gedichte der „Traumbilder", die ich bald darauf schrieb, ein düsteres und grausames Kolorit haben, wie das Verhältnis, das damals seine blutrünstigen Schatten in mein junges Leben und Denken warf."

„Unter den Liedern, die Josefa sang, war ein Volkslied, das sie von der Zippel[*] gelernt und welches diese auch mir in meiner Kindheit oft vorgesungen, so daß ich zwei im Gedächtnis behielt, die ich um so lieber hier mitteilen will, da ich das Gedicht in keiner der vorhandenen Volksliedersammlungen fand. Sie lauten folgendermaßen:

„Zuerst spricht der böse Tragig:

---

[*] Heines erste Wärterin im elterlichen Hause wurde „Zippel" genannt.

„Ottilje lieb, Ottilje mein,
Du wirst wohl nicht die letzte sein —
Sprich, willst du hängen am großen Baum?
Oder willst du schwimmen im blauen See?
Oder willst du küssen das blanke Schwert,
Was der liebe Gott beschert?"

„Hierauf antwortet Ottilje:

„Ich will nicht hängen am hohen Baum
Ich will nicht schwimmen im blauen See
Ich will küssen das blanke Schwert,
Was der liebe Gott beschert!"

„Als das rote Sefchen einst das Lied singend an das Ende dieser Strophe kam und ich ihr die innere Bewegung abmerkte, ward auch ich so erschüttert, daß ich in ein plötzliches Weinen ausbrach, und wir fielen uns beide schluchzend in die Arme, sprachen kein Wort, wohl eine Stunde lang, während uns die Tränen aus den Augen rannen, und wir uns wie durch einen Tränenschleier ansahen. Ich bat Sefchen, mir jene Strophen aufzuschreiben, und sie tat es, aber sie schrieb sie nicht mit Tinte, sondern mit ihrem Blute; das rote Autograph kam mir später abhanden, doch die Strophen blieben mit unauslöschlich im Gedächtnis.

„Der Mann der Göchin war der Bruder von Sefchens Vater, welcher ebenfalls Scharfrichter war und im Westfälischen wohnte. Hier, in dem „Freihaus", wie man die Scharfrichterei zu nennen pflegte, verharrte Sefchen bis zu ihrem vierzehnten Jahre, wo der Großvater starb und die Göchin die ganz Verwaiste wieder zu sich nahm. Durch die Unehrlichkeit ihrer Geburt führte Sefchen von ihrer Kindheit bis ins Jungfrauenalter ein vereinsamtes Leben und gar auf dem Freihaus ihres Großvaters war sie von allem gesellschaftlichen Umgange abgeschieden. Daher ihre Menschenscheu, ihr sensitives Zusammenzucken vor jeder fremden Berührung, ihr geheimnisvolles Hinbrüten, verbunden mit dem störrigsten Trotz, mit der patzigsten Halsstarrigkeit und Wildheit." —

Als die Göcherin einst nicht zu Hause war, bat Heine, daß Sefchen ihm einmal ein sogenanntes Hundertmordschwert nämlich ein Schwert, womit hundert Mal das hochnotpeinliche Amt verrichtet worden sei, zeigen möge. Sie weigerte sich durchaus nicht, denn der Dichter fährt fort:

„Sie ließ sich nicht lange bitten, ging in die besagte Kammer und trat gleich darauf hervor mit einem ungeheuren Schwerte, das sie trotz ihrer schmächtigen Arme sehr kräftig schwang, während sie schalkhaft lächelnd, drohend die Worte sang:

„Willst du küssen das blanke Schwert,
„Das der liebe Gott beschert?

„Ich antwortete darauf in derselben Tonart: — Ich will nicht küssen das blanke Schwert — ich will das rote Sefchen küssen!

„Und da sie aus Furcht, mich mit dem fatalen Stahl zu verletzen, sich nicht zur Gegenwehr setzen konnte, mußte sie es geschehen lassen, daß ich mit großer Heftigkeit die feinen Hüften umschlang und die trutzigen Lippen küßte, trotz dem Richtschwert, womit schon hundert arme Schelme geköpft worden, und trotz der Infamie, womit jede Berührung des unehrlichen Geschlechtes jedem anhaftet, küßte ich die schöne Scharfrichterstochter."

„Ich küßte sie nicht bloß aus zärtlicher Neigung, sondern auch aus Hohn gegen die alte Gesellschaft und alle ihre dunklen Vorurteile, und in diesem Augenblicke loderten in mir auf die ersten Flammen jener zwei Passionen, welchen mein späteres Leben gewidmet blieb: die Liebe für schöne Frauen und die Liebe für die französische Revolution, den modernen *Furor francese*, wovon auch ich ergriffen ward im Kampf mit den Landsknechten des Mittelalters.

„Ich will meine Liebe für Josefa nicht näher beschreiben. So viel aber will ich gestehen, daß sie doch nur ein Präludium war, welches den großen Tragödien meiner reiferen Periode voranging. So schwärmt Romeo erst für Rosalinde, ehe er seine Julia sieht. In der Liebe gibt es ebenfalls, wie in der römisch-katholischen Religion, ein provisorisches Fegefeuer, in welchem man sich erst an das Gebratenwerden gewöhnen soll, ehe man in die ewige Hölle gerat. Hölle? Darf man der Liebe mit solcher Unart erwähnen? Nun, wenn ihr wollt, will ich sie auch mit dem Himmel vergleichen. Leider ist in der Liebe nie ganz genau zu ermitteln, wo sie anfängt, mit der Hölle oder mit dem Himmel die größte Ähnlichkeit zu bieten, so wie man auch nicht weiß, ob nicht die Engel, die uns darin begegnen, etwa verkappte Teufel sind, oder ob die Teufel dort nicht manchmal verkappte Engel sind.

„Aufrichtig gesagt: welche schreckliche Krankheit ist die Frauenliebe! Da hilft keine Inokulation, wie wir leider gesehen. Sehr gescheite und erfahrene Ärzte raten zur Ortsveränderung, und meinen, mit der Entfernung von der Zauberin zerreiße auch der Zauber. Das Prinzip der Homöopathie, wo das Weib uns heilet von dem Weibe, ist vielleicht das Probateste. Es stand geschrieben, daß ich von dem großen Übel, den Pocken des Herzens, stärker als andere Sterbliche heimgesucht werden sollte, und mein Herz trägt die schlecht vernarbten Spuren in so reicher Fülle, daß es aussieht, wie die Gipsmaske des Mirabeau oder wie die Fassade des Palais Mazarin nach den glorreichen Juliustagen oder gar wie die Reputation der größten tragischen Künstlerin.

„Gibt es aber gar keine Heilmittel gegen das fatale Gebreste? Jüngst meinte ein Psychologe, man könnte dasselbe bewältigen, wenn man gleich im Beginn des Ausbruchs einige geeignete Mittel anwende. Diese Vorschrift mahnt jedoch an das alte naive Gebetbuch, welches Gebete für alle Unglücksfälle, womit der Mensch bedroht ist, und unter anderen ein mehrere Seiten langes Gebet enthält, das der Schieferdecker abbeten sollte, sobald er sich vom Schwindel ergriffen fühle, und in Gefahr sei vom Dache herabzufallen. Ebenso töricht ist es, wie man einem Liebeskranken anrät, den Anblick seiner Schönen zu fliehen und sich in der Einsamkeit an der Brust der Natur Genesung zu suchen. Ach, an dieser grünen Brust wird er nur Langeweile finden, und es wäre ratsamer, daß er, wenn nicht alle seine Energie erloschen, an ganz anderen und weißen Brüsten, wo nicht Ruhe, so doch heilsame Unruhe suche; denn das wirksamste Gegengift gegen die Weiber sind die Weiber; freilich hieße das, den Satan durch Beelzebub bannen, und dann ist in solchem Fall die Medizin noch verderblicher als die Krankheit. Aber es ist immer eine Chance und in trostlosen Liebeszuständen ist der Wechsel der Inamorata gewiß das Ratsamste und mein Vater dürfte auch hier mit Recht sagen: Jetzt muß man ein neues Fäßchen anstecken.

„Ja, laßt uns zu meinem lieben Vater zurückkehren, dem irgendeine mildtätige alte Weiberseele meinen öfteren Besuch bei der Göcherin und meine Neigung für das rote Sefchen denunziert hatte. Diese Denunziationen hatten jedoch keine andere Folge, als meinem Vater Gelegenheit zu geben, seine liebenswürdige Höflichkeit zu bekunden. Denn Sefchen sagte mir bald, ein sehr vornehmer und gepuderter Herr in Begleitung eines andern sei ihr auf der Promenade begegnet und als ihm sein Begleiter einige Worte zugeflüstert, habe er sie freundlich angesehen und im Vorbeigehen grüßend den Hut vor ihr abgezogen.

„Nach der näheren Beschreibung erkannte ich in dem grüßenden Manne meinen lieben Vater."[*]

---

[*] Heinr. Heines Memoiren, herausgegeben von E. Engel.

Der alte Heine bewies dadurch keine geringe Toleranz gegen die Geliebte seines jungen Sohnes, zumal in der damaligen Zeit die sämtlichen Angehörigen des Scharfrichters für verrufen und unehrlich im Volksmunde galten. Unser Dichter kümmerte sich jedoch blutwenig über diese Meinung; doch ging durch seine Liebe zum Sefchen der auf derselben haftende Fluch auf ihn selber über, welchen er, da er dieser Leidenschaft nicht widerstehen konnte und wollte, als Verlust der Seligkeit deutete, denn sein Innerstes offenbart er uns in dem herrlichen, blutig-wildromantischen Traumbilde:[*)]

> Im süßen Traum, bei stiller Nacht,
> Da kam zu mir mit Zaubermacht,
> Mit Zaubermacht, die Liebste mein,
> Sie kam zu mir ins Kämmerlein!
>
> Ich schau' sie an, das holde Bild,
> Ich schau' sie an, sie lächelt mild,
> Und lächelt bis das Herz mir schwoll,
> Und stürmisch kühn das Herz entquoll:
>
> „Nimm hin, nimm alles, was ich hab',
> Mein Liebstes tret' ich gern dir ab,
> Dürft' ich dafür dein Buhle sein,
> Von Mitternacht bis Hahnenschrein."
>
> Da staunt mich an gar seltsamlich,
> So lieb, so weh und inniglich,
> Und sprach zu mir die schöne Maid:
> O, gib mir deine Seligkeit!

Hamburg, Hoffmann und Campe, 1884.
[*)] Buch der Lieder „Junge Leiden", Traumbild Nr. 6.

„Mein Leben süß, mein junges Blut,
Gab' ich mit Freud' und wohlgemut
Für dich, o Mädchen, engelgleich, —
Doch nimmermehr das Himmelreich."

Wohl braust hervor mein rasches Wort,
Doch blühet schöner immerfort,
Und immer spricht die schöne Maid:
O, gib mir deine Seligkeit!

Dumpf dröhnt dies Wort mir ins Gehör,
Und schleudert mir ein Glutenmeer
Wohl in der Seele tiefsten Raum;
Ich atme schwer, ich atme kaum.

Das waren weiße Engelein,
Umglänzt von gold'nem Glorienschein;
Nun aber stürmte wild herauf
Ein gräulich schwarzer Koboldhauch.

Die rangen mit den Engelein
Und drängten fort die Engelein;
Und endlich auch die schwarze Schar
In Nebelduft zerronnen war. —

Ich aber wollt' in Lust vergehn,
Ich hielt im Arm mein Liebchen schön;
Sie schmiegt sich an mich wie ein Reh,
Doch weint sie auch im bittren Weh.

Feins Liebchen weint; ich weiß warum,
Und küss' ihr Rosenmündlein stumm —
„O still', feins Lieb, die Tränenflut,
Ergib Dich meiner Liebesglut!

„Ergib dich meiner Liebesglut —"
Da plötzlich starrt zu Eis mein Blut:
Laut bebet auch der Erde Grund
Und öffnet gähnend sich ein Schlund.

Und aus dem schwarzen Schlunde steigt
Die schwarze Schar; feins Lieb erbleicht!
Aus meinen Armen schwand feins Lieb;
Ich ganz alleine stehen blieb.

Da tanzt im Kreise wunderbar
Um mich herum die ganze Schar,
Und drängt heran, erfaßt mich bald,
Und gellend Hohngelächter schallt.

Und immer enger wird der Kreis,
Und immer summt die Schauerweis:
Du gabst uns hin die Seligkeit,
Gehörst uns nun in Ewigkeit!

Über Sefchens spätere Schicksale — schweigt die Geschichte vollständig.

Heine sah dieselbe nicht wieder, als bald darauf die Abschiedsstunde von der Geliebten und von der Vaterstadt nahte.

II. Amalie Heine

> Es ist eine alte Geschichte,
> Doch bleibt sie immer neu;
> Und wem' sie just passieret,
> Dem bricht das Herz entzwei.

Das Napoleonische Kaiserreich, welchem damals Düsseldorf einverleibt war, verbreitete zu dieser Zeit seinen größten Glanz; sollte es da Wunder nehmen, wenn unser junger Heine für den großen Helden Napoleon eine glühende Bewunderung hegte? Er sah ihn selbst mit eigenen Augen stolz und kühn durch die große Allee des Hofgartens reiten, obgleich das Reiten daselbst bei fünf Taler Strafe verboten war. Dieses Bild hat uns der Dichter in höchst satirischer Weise in dem Buche «le Grand» mit ehernem unvergänglichem Griffel geschildert.

Ebensowenig kann es Erstaunen erregen, wenn die geistreiche und hochgebildete Mutter des jungen Dichters Betty v. Geldern für denselben goldene Epauletten oder gar brillante Ehrenchargen am Hofe des Kaisers erträumte. Sie trug deshalb für die ausgezeichnetste Erziehung ihres „Harry"[*], wie derselbe in seinen früheren Kinderjahren im Elternhause gerufen wurde, die größte Sorge, und ließ denselben, obgleich im Lyzeum bereits genügend für mathematische Wissenschaften gesorgt war, noch Privatunterricht in den gleichen

---

[*] Erst später verwandelte er denselben in „Heinrich".

Disziplinen nehmen.

Doch das Weltreich fiel und Napoleon wurde gleich Prometheus an den einsamen Felsen im Ocean geschmiedet. — Wenn auch mit schwerem Herzen mußte sie also der prachtvollen Laufbahn, welche sie für ihren Liebling erträumt hatte, entsagen und — sonderbar! — diese Studien ließen auch keine Spur in seinem Geiste zurück, so sehr waren sie demselben fremd; erzählt uns der Dichter in seinen Memoiren. Jetzt wurde beschlossen, den Sohn die kaufmännische Bahn einschlagen zu lassen.

Das Bankhaus „Rothschild", mit dessen Chef Heines Vater vertraut, war damals bereits im Emporblühen begriffen, und seine Mutter war der Meinung, daß ihr Harry es wenigstens ebenso weit bringen könne. Deshalb wurde nun beschlossen, den Sohn in das Comptoir des befreundeten Bankiers Rindskopf in Frankfurt am Main zu schicken. Jedoch nicht länger als einen Monat hielt der junge Poet aus, so sehr stieß ihn alles Geschäftliche ab. Nie hat er diese Abneigung überwinden können. Jetzt wollten die Eltern es 'mal mit Hamburg versuchen, in welcher Stadt sich der Oheim unseres Heine, Salomon Heine, von den kleinsten Anfängen an, zum vielfachen Millionär heraufgearbeitet hatte.

„Es zieht mich nach Nordland ein goldener Stern;
Ade mein Bruder! Denk' mein in der Fern."

Diese Abschiedsverse widmet er beim Scheiden von der Vaterstadt seinem Jugendfreunde Franz von Zuccamaglio.

Der goldene Stern in Nordland hieß „Molly" und war dem Dichter bereits vor zwei Jahren bei einem Besuche im elterlichen Hause aufgegangen. Seitdem hatte ihm der Stern nicht mehr geleuchtet, er sollte für ihn ein verhängnisvoller Stern werden.

„So schwärmt Romeo erst für Rosalinde, ehe er seine Julia sieht," beichtet der alte Dichter. —

Julia war bereits erschienen. Eine große Tragödie im. Leben des Dichters nimmt ihren Anfang.

Heine berichtet seinem getreuen Freunde Christian Sethe folgendermaßen über seine ersten Eindrücke und Erlebnisse in der alten Hansestadt am 6. Juli 1816.

„An Christian Sethe! …
„(Ich weiß nicht, hast Du lieber hochgeboren oder wohlgeboren? kannst es Dir daher selbst beim Namen schreiben.)

„Ja! ich will jetzt meinem Freunde Christian Sethe schreiben. Zwar ist es nicht die dazu am besten geeignete Stunde. Wunderseltsam ist es mir zu Mute und ich bin gar zu herzbewegt, und habe mich wohl in Acht zu nehmen, daß kein leises Wörtlein entschlüpfe, das mir den inneren Gemütszustand verraten kann. Ich sehe schon, wie zwei. große wohlbekannte Augen mich anstarren würden; die habe ich zwar sehr lieb, sind aber, glaub' ich, nur zu kalt. —

„Ich habe mich wieder hingesetzt, Dir zu

schreiben, und habe alles aus dem Herzen rauschen gelassen, was Dir immer spanische Dörfer bleiben. Ich habe Dich ein bißchen sehr lieb. Wie geht's Dir Alter? Erfreust mich gar herrlich und königlich, wenn Du mir brav schreibst. Tu es. Aber viel beten kann ich selbst zu unserem lieben Herrgott nicht. — Mir geht's gut. Bin mein eigener Herr und steh' so ganz für mich allein, und steh' so stolz und fest und hoch, und schau' die Menschen tief unter mir so klein, so zwergenklein; und habe meine Freude dran. Christian, Du kennst ja den eitlen Prahlhans? Doch

„Wenn die Stunde kommt, wo das Herz mir schwillt,
Und blühender Zauber dem Busen entquillt,
Dann greif' ich zum Griffel rasch und wild
Und male mit Worten das Zaubergebild."

„Aber auch verwünschte Prahlerei, es scheint, als sei mir die Muse untreu geworden, und habe mich allein nach Norden ziehen lassen, und sei zurückgeblieben. Ist auch ein Weib. Oder fürchtet sie sich vor den furchtbaren Handelsanstalten, die ich mache? Wahr ist es, es ist ein verludertes Kaufmannsnest hier. H— genug, aber keine Musen. Mancher deutsche Sänger hat sich hier schon die Schwindsucht am Halse gesungen. Muß Dir was erzählen:

„Als ich ging nach Ottensen[*)] hin,
Auf Klopstocks Grab ich gewesen bin.
Viel schmucke und stattliche Menschen dort standen,
Und den Leichenstein mit Blumen umwanden,

[*)] Bei Hamburg.

Die lächelten sich einander an
Und glaubten Wunders was sie getan.
Ich aber stand beim heil'gen Ort
Und stand so still und sprach kein Wort,
Meine Seele war da unten tief,
Wo der heilige deutsche Sänger schlief. — —"

„Nun? sieh! selbst auf Klopstocks Grab verstummt meine Muse. Nur erbärmlich mit miserabel kann ich noch zusammenreimen. Meine Adresse ist Harry Heine bei W^w Rodbertus auf die große Bleiche in Hamburg. Nr. 307. Freu Dich, freu Dich, in vier Wochen sehe ich Molly. Mit ihr kehrt auch meine Muse zurück. Seit zwei Jahren hab' ich sie nicht gesehen. Altes Herz, was freust Du Dich und schlägst so laut! — Leb' wohl, lieber Christian, denke mein.

Dein Freund
Harry Heine."

Hamburg, 27, Oktober 1816.
An den Studioso Christian Sethe in Düsseldorf.

„Sie liebt mich **nicht**!

„Mußt, lieber Christian, dieses **letzte** Wörtlein ganz leise, leise aussprechen. In dem ersten Wörtchen liegt der ewige lebendige Himmel, aber auch in dem letzten liegt die ewige lebendige Hölle. — Könntest Du Deinem armen Freunde nur ein bißchen ins Gesicht sehen, wie er so ganz bleich aussieht, und gewaltig verstört und wahnsinnig, so würde sich Dein gerechter Unmut wegen des langen Stillschweigens sehr bald zur Ruhe legen; am besten wäre es zwar, wenn Du einen einzigen

Blick in seine innere Seele werfen könntest, — da würdest Du mich erst recht liebgewinnen.

„Eigentlich, mußt Du wissen, lieber Christian, ist jeder meiner Gedanken ein Brief an Dich, oder wenigstens gestaltet er sich so und ich habe Dir unlängst schon einen ellenbreit langweiligen Brief zusammengekratzt, wo ich Dir mein ganzes Innere seufzend aufschloß, vom Ei der Leda an bis Trojas Zerstörung, aber diesen Brief habe ich weislich wieder vernichtet, da er doch zu Nichts dienen konnte, als in fremde Hände zu geraten und mir alsdann vielleicht den Garaus zu machen. Kannst mir ja so nicht helfen.

„Einen kleinen Spaß will ich Dir erzählen. Du weißt, Christian, von demselben Augenblicke an, als ich Dich zum ersten sah, ward ich unwillkürlich zu Dir hingezogen, und ohne mir selber davon Rechenschaft geben zu können, warst Du mir immer ganz unendlich lieb und teuer. Ich glaube, Dir in dieser Hinsicht schon längst davon gesprochen zu haben, wie ich oft in Deinen Gesichtszügen und vorzüglich in Deinen Augen etwas bemerkte, was mich auf eine unbegreifliche Art zugleich von Dir abstieß und zugleich wieder gewaltsam zu Dir hinzog, so daß ich meinte, im selben Augenblick liebendes Wohlwollen und auch wieder den bittersten, schnöden, eiskalten Hohn darin zu erkennen. Und siehe! Dieses nämliche rätselhafte Etwas habe ich auch in Mollys Blicken gefunden. Und eben dieses ist es, was mich so ganz konfus macht. Denn obgleich ich die unleugbarsten unumstößlichen Beweise habe, daß ich nichts weniger als von ihr geliebt werde — Beweise, die sogar Rektor Schallmeyer für grundlogisch erkennen und kein Bedenken tragen würde, seinem eigenen Systeme obenan zu stellen, so will doch das arme liebende Herz noch immer nicht sein *Concedo* geben und sagt immer: Was geht mich Deine Logik an, ich habe meine eigene Logik. — Ich habe sie wiedergesehen, —

„Dem Teufel meine Seele,
Dem Henker sei der' Leib,
Doch ich allein erwähle
Für mich das schönste Weib."

„Ha! Schauderst Du nicht, Christian? Schaudere nur, ich schaudere auch. Verbrenne den Brief; Gott sei meiner armen Seele gnädig. — Ich habe diese Worte nicht geschrieben. — Da saß ein bleicher Mensch auf meinem Stuhl, der hat sie geschrieben. Das kommt, weil es Mitternacht ist. — O Gott! Wahnsinn sündigt nicht. — Du! Du! Hauche nicht so stark, da hab' ich eben ein wunderhübsches Kartenhaus aufgeschichtet, und ganz oben auf steh' ich und halte sie im Arm!

„Sieh Christian, nur Dein Freund, konnte den Blick zum Allerhöchsten erheben (erkennst Du ihn hieran?). Freilich scheint es auch so, als wenn es sein Verderben sein wird. Aber Du kannst Dir's auch kaum vorstellen, l. Christian, wie mein Verderben so herrlich und lieblich aussieht. *Aut Caesar aut nihil* war immer mein Wahlspruch. Alles an Allem. Ich bin ein wahnsinniger Schachspieler. Schon beim ersten Stein hab' ich die Königin verloren, und doch spiele ich noch, und spiele —

um die Königin. Soll ich weiter spielen? *Quand on a tout perdu et qu'on n'a plus d'espoir, la vie est une opprobre et la mort un devoir.*[*] — Schweige, verfluchter, lächerlicher Franzose, mit Deinem feigen Verzweiflungsgegreine! Kennst Du nicht die deutsche Minne? Die steht kühn und fest auf zwei ewig unerschütterlichen Säulen, Manneswürde und Glauben. — Nur halt' mich, o Gott, in sicherer Hut vor der schleichenden, finsteren Macht der Stunde. —

„Entfernt von ihr lange Jahre glühende Sehnsucht im Herzen tragen, das ist Höllenqual und drängt höllisches Schmerzgeschrei hervor. Aber in ihrer Nähe sein und doch ewiglange Wochen nach ihrem alleinseligmachenden Anblick oft vergebens schmachten, u—u— und O! — O! Christian! Da kann auch das frömmste und reinste Gemüt in wilder, wahnsinniger Gottlosigkeit auflodern. Ach, Du bist klug, Christian, und wirst mich gewiß meines langen Stillschweigens wegen nicht strafen wollen. — Du weißt nicht, welch' ungeheures Weh mir der dolchscharfe Widerhaken macht, mit welchem sich jedes Wort aus meiner Seele hervorreißt; anderen Leuten kosten die schwarzen Striche Nichts, können sie nach Belieben hin- und herstellen, schreiten auf dem Kothurn, um so besser durch den Dreck zu kommen. Dies, was Du hier für Kothurn ansehen magst, sind riesig hohe Schmerzgestalten, die aus den gähnend weiten, blutenden Herzwunden her-

---

[*] Voltaire, „Merope", zweiter Akt, Schluß.

vorsteigen. — Sei nicht böse, Christian, ich bin Dir ja so gut, und bin so gewaltig unglücklich dran. Willst Du mich auch verstoßen? Ach, die Stimme im Herzen hat mich sehr getäuscht, wird sie auch diesmal Lügnerin sein? Christian, sag' ja oder nein. Bei allem, was Dir heilig ist, sag' mir die Wahrheit. — Ja? Nun, so hab' ich auch Hoffnung, daß mir die Stimme des Herzens auch bei Molly nicht lügt. Nein? Nun — — — Schreib' bald, lieber Christian. Ja, willst Du? — Das ist auch eine herzkränkende Sache, daß sie meine schönen Lieder, die ich nur für sie gedichtet habe, so bitter und spröde gedemütigt und mir überhaupt in dieser Hinsicht sehr häßlich mitgespielt hat. Aber solltest Du es wohl glauben, die Muse ist mir demohngeachtet jetzt noch weit lieber als je. Sie ist mir eine getreue, tröstende Freundin geworden, die ist so heimlich süß und ich liebe sie recht inniglich. Wie tief treffen mich jetzt die Worte Goethes im Tasso:

„Alles ist dahin! Nur eins bleibt,
Die Träne hat uns die Natur verliehen,
Den Schrei des Schmerzes, wenn der Mann zuletzt
Es nicht mehr trägt — Und mir noch über Alles, —
Sie ließ im Schmerz mir Melodie und Rede,
Die tiefste Fülle meiner Not zu klagen:
Und wenn der Mensch in seiner Qual verstummt,
Gab mir ein Gott, zu sagen, wie ich leide."

„Ich dichte viel, denn ich habe Zeit genug und die ungeheuren Handelsspekulationen machen mir nicht viel zu schaffen; — ob meine jetzigen Poesien besser sind, als die früheren, weiß ich nicht;

nur das ist gewiß, daß sie viel sanfter und süßer sind, wie in Honig getauchter Schmerz. Ich bin auch gesonnen, sie balde (das kann indessen doch noch viele Monate dauern) in Druck zu geben. Aber das ist die Schwerenotssache: da es dazu lauter Minnelieder sind, würde es mir als Kaufmann ungeheuer schädlich sein; ich kann Dir dies nicht so genau erklären, denn Du kennst nicht den Geist, der hier herrscht. Und gegen Dich kann ich's aufrichtig gestehen: außerdem daß in dieser Schacherstadt nicht das mindeste Gefühl für Poesie zu finden ist, — es seien denn eigens bestellte und bar bezahlte Hochzeits-, Leichen- oder Kindtaufs-Carminaden, so hat sich auch noch dazugesellt seit einiger Zeit eine schwüle Stimmung zwischen den getauften und ungetauften Juden (alle Hamburger nenne ich Juden und die ich, um sie von den Beschnittenen zu unterscheiden, getaufte Juden benamse, heißen auch vulgo Christen). Bei so bewandten Umständen läßt sich leicht voraussehen, daß christliche Liebe die Liebeslieder eines Juden nicht ungehudelt lassen wird. Da ist guter Rat teuer; auch ohnedies weiß ich nicht, wie man eine Buchherausgabe bewerkstelligt, und darin sollst Du mich belehren, Christian, verstehst das ja besser.

„Ich lebe hier ganz isoliert, aus obigen Andeutungen kannst Du dies sehr leicht erklären. — Mein Oheim lebt auf dem Lande. Dort geht es sehr geziert und geschwänzelt zu, und der freie unbefangene Sänger sündigt sehr oft gegen die Etikette. Diplomatisches Federvieh, Millionäre, hochweise Senatoren etc. etc. sind keine Leute für mich. Der homerisch göttliche, herrliche Blücher aber war unlängst hier, und ich habe das Glück gehabt, in seiner Gesellschaft zu speisen bei Onkel, so ein Kerl macht Freude.

„Der Neffe vom großen (? ? ?) Heine ist zwar überall gern gesehen und empfangen; schöne Mädchen schielen nach ihm hin und die Busentücher steigen höher, und die Mütter kalkulieren, aber — aber — bleib allein. Niemand bleibt mir übrig, als ich selbst. Und wer dieser Sonderling ist, das weiß Christian besser als ich. — Ich bin sehr verlegen, ob Dich dieser Brief noch zu Hause antrifft, oder ob Du ihn, wie ich gewiß erwarte, nachgeschickt erhältst. Auf jeden Fall, wenn noch ein Funken Freundschaft übrig geblieben ist, schreibe mir sogleich, ob Du ihn richtig erhalten hast. Ich kann des Inhalts wegen nicht eher ruhig schlafen. — Wie geht's Dir? Schreib. Zwar macht es mir viel Vergnügen, Deine Schriftzüge zu entziffern, aber ein wenig mehr Deutlichkeit könnte nicht schaden. Indessen bin ich auch mit Geschmier zufrieden.

„In religiöser Hinsicht habe ich Dir vielleicht bald etwas sehr Verwunderliches mitzuteilen. Ist Heine toll geworden? wirst Du ausrufen. Aber ich muß ja eine Madonna haben. Wird mir die himmlische die irdische ersetzen? Ich will die Sinne berauschen. Nur in den unendlichen Tiefen der Mystik kann ich meinen unendlichen Schmerz hinabwälzen. Wie erbärmlich scheint mir jetzt das Wissen in seinem Bettlerkleid. Was mir einst durchsichtige Klarheit schien, zeigt sich mir jetzt als nackte Blöße. „Werdet wie die Kindlein" — lange wähnte ich dies zu verstehen, o ich närrischer Narr! — Kindlein glauben.

Heine.

„Schon beinahe ein Monat liegt dieser Brief in meinem Pult, da ich erst nach Düsseldorf geschrieben habe, um zu wissen, ob Du schon weggereist. Soeben erhalte Deinen lieben Brief. Bei Gott! alle Freunde sind mir noch nicht abgestorben. Verzeih' mir, guter, edler Christian, ich habe Dich zwar immer von ganzer Seele geliebt, aber auch oft, vielleicht immer verkannt. Dein Stolz erlaubt Dir, dem armen Harry dreimal zu schreiben, ohne zu wissen, ob Du vielleicht Antwort erhältst. Nun bei Gott! Der arme Harry ist so arm nicht mehr. Aus dem Brief wirst Du sehen, wie mir ums Herz ist; ist noch immer so. Aber ich trage den Schmerz jetzt viel männlicher. Ich fühle aber ein inneres Ersterben, auch Poesie verschwimmt in blasse Nebelbilder. O M.... Du kost' mir viel! — Ich umarme Dich, Christian, aber drücke nicht so fest, auf die nackte Brust hängt eine schwarze, eiserne Kette, und daran, gerade wo das arme Herz schlägt, hängt ein viel- und scharfzackiges Kreuz, darin liegt M's Locke. Ha! das brennt! ...

„O Christian! Ich kann nicht mehr, im Augenblick geht die Post fort. Onkel will mich hier weghaben, auch Vater beschwert sich, daß ich keine Geschäfte mache, ohngeachtet der großen Ausgaben: aber *coûte ce que coûte* bleib' ich hier. Schreib' mir bald."

Fürwahr diese Gefühlsergüsse an den vertrauten Freund, sie sprechen Bände!

Seit den Tagen Walters von der Vogelweide und Wolframs von Eschenbach hat wohl kein Dichter der deutschen Lyra solch' ergreifende und liebliche Töne entlockt als Heine, der unvergleichliche Minnesänger der neuen Zeit. Doch was den Reiz dieser Poesien noch um ein gewaltiges steigert, ist, daß dieselben auf Erlebtem beruhen, er besingt in denselben die Liebestragödien seiner Jugend. Wenn schon in der Goetheschen Lyrik die mannigfaltigsten Beziehungen zu seinen Liebesgestalten, zu Friederike, zu Lottchen nachweisbar sind, nebenbei bemerkt ist Gretchen im Faust niemand anders als Friederike Brion, die schöne Sesenheimer Pfarrerstochter, so beruhen dieselben doch auch viel auf Dichtung mit einer Dosis Wahrheit gemischt; dagegen ist das „lyrische Intermezzo" von Heine der vollständige Liebesroman seiner Jugend, Romeo und Julia in Versen.

Ja, die unglückliche Jugendliebe war es, welche dem siebenzehnjährigen Jüngling das Herz brach, von welcher er sein ganzes Leben hindurch nie wieder ganz genesen ist; sie begleitete ihn überall hin, den gereiften Mann ins Exil der Seinestadt, den todkranken Dichter während der langjährigen Märtyrerzeit der Matratzengruft, um erst in der stillen Grabeskammer des Montmartre zu enden. Die verlorene Liebe, welche nicht sterben will, ist es, welche seiner Muse so liebliche Blumen voller Tropenpracht und Duft entsprießen läßt, welche demselben das ihm allein eigentümliche Gepräge gab, und von denen, welche nicht tiefer in das Dichterleben eindringen, nie verstanden werden wird, sondern einfach als „zynisch und frivol" verurteilt wird. Oft entlockt er seiner Leier die süßesten Nachtigallentöne, um dann plötzlich, einen gellenden Lachtriller der Selbstverhöhnung anschlagend, mit den schrillsten Dissonanzen, dem Bersten einer Violinsaite vergleichbar, zu schließen. Kurz, die unglückliche Jugendliebe hat den jungen Heine erst zum wahren Poeten gemacht; denn mehr als die Hälfte des Buches der Lieder hat einzig und allein dieselbe zum Stoff. Man hat Heine überhaupt mit größtem Unrecht für einen gewissenlosen Don Juan erklärt, welcher überhaupt nicht imstande gewesen sei, eine wahre, tiefe Leidenschaft zu hegen, für einen Menschen, welcher nur mit dem Feuer gespielt habe, ohne von demselben je erwärmt und durchdrungen zu sein. Es ist freilich nicht zu leugnen, daß Heine sich in dieser Beziehung manche Freiheiten erlaubt hat; man darf jedoch einen Dichter durchaus nicht mit der spießbürgerlichen Moralelle des Durchschnittsphilisters messen. Hat es denn Wolfgang Goethe anders gemacht? Ganz abgesehen von seinen zahlreichen Liebesverhältnissen würde man doch das Verhalten seiner Friederike gegenüber ganz anders beurteilen, wenn es eben nicht der große Olympier, sondern ein anderer gewöhnlicher Sterblicher wäre. Die „Welt" würde erbarmungslos den Stab über ihn brechen, denn *quod licet Jovi non licet bovi.*

Erst der traurige Ausgang seiner Jugendliebe hat Heine zum leichtsinnigen Genußmenschen gemacht, doch konnte er mit vollem Recht von sich bekennen:

> Hab' eine Jungfrau nie verführt
> Mit Liebeswort, mit Schmeichelei,
> Ich hab' auch nie ein Weib berühret.
> Wußt' ich, daß sie vermählet sei.
>
> Wahrhaftig, wenn es anders wäre,
> Mein Name, er verdiente nicht,
> Zu strahlen in dem Buch der Ehre;
> Man dürft' mir spucken ins Gesicht.

Nach dieser kleinen Abschweifung also wieder zurück zu den Schicksalen unseres jugendlichen Poeten.

Über den Namen der Geliebten war man lange Zeit im Dunkeln, die verschiedensten Namen tauchten in der Literatur auf, so namentlich derjenige einer „Evelina von Geldern". In einem Buche über Heine, welches dessen Universitätskollege F. Steinmann[*], freilich erst nach dem Tode des Dichters, herausgab, der sich der größten Intimität mit demselben rühmte, obgleich dieselben nichts weniger als freundschaftlich zu einander gestanden hatten, gibt Steinmann der Jugendgeliebten diesen Namen. Er ist jedoch in großem Irrtum,

---

[*] F. Steinmann, H. Heine, Denkwürdigkeiten. Prag und Leipzig 1857. S. 133.

eine Evelina von Geldern in Düsseldorf, eine Cousine Heines, hat nie existiert. Wer war aber denn Molly?

Erst in einem Briefe des Dichters elf Jahre später vom 19. Oktober 1827 an seinen Freund und Verehrer, den berühmten Berliner Gelehrten Varnhagen von Ense[*], welcher auch in die Familienverhältnisse des Dichters eingeweiht war, lüftete er den Schleier über das so märchenhaft schön besungene untreue Lieb:

„Ich möchte der Freundin (Rahel[**]) einen langen Brief schreiben, lang wie die Welt, weitschweifig und unerträglich wie mein eigenes Leben. Aber — ich bin im Begriff, diesen Morgen eine Frau zu besuchen, die ich in elf Jahren nicht gesehen habe, und der man nachsagt, ich sei einst verliebt in sie gewesen. Sie heißt Madame Friedländer aus Königsberg, sozusagen eine Cousine von mir. Den Gatten ihrer Wahl habe ich schon gestern gesehen zum Vorgeschmack. Die gute Frau hat sich sehr geeilt und ist gestern just an dem Tage angelangt, wo auch die neue Ausgabe meiner „Jungen Leiden" von Hoffmann und Campe ausgegeben worden ist. — Die Welt ist dumm und fade und unerquicklich und riecht nach vertrockneten Veilchen."

Diese Cousine war Amalie Heine, die dritte Toch-

---

[*] Aus dem Nachlasse Varnhagen v. Enses. Briefe von Stägemann, Metternich, Heine und Bettina v. Arnim. Leipzig 1865. Brockhaus. S. 174.
[**] Varnhagens Gattin, die berühmte Rahel Lewin.

ter seines Millionäroheims Salomon Heine, in dessen Bankhause der Dichter sich die Kenntnisse, welche sich für einen zukünftigen Bankier geziemen, aneignen sollte — wider Willen!

Molly, so hieß Amalie im Familienkreise, gab ihm bei ihrer Ankunft keinen Kuß, wie er es unbedingt erwartet hatte, erst viel später gewährte sie ihm das erste Liebeszeichen, ihm gleichzeitig ein Myrtenreis gebend, das er aufziehen wollte, doch das Reis, es starb — ein böses Omen!

„Als ich vor einem Jahr Dich wiedererblickte,
Küßtest Du mich nicht in der Willkommstund;"
So sprach ich, und der Liebsten roter Mund
Den schönsten Kuß auf meine Lippen drückte
Und lächelnd süß ein Myrthenreis sie pflückte
Vom Myrthenstrauche, der am Fenster stund:
„Nimm hin und pflanz' dies Reis in frischem Grund
Und stell' ein Glas darauf", sprach sie und nickte.
Schon lang ist's her. Es starb das Reis im Topf,
Sie selbst hab' ich seit Jahren nicht gesehen;
Doch brennt der Kuß mir immer noch im Kopf,
Und aus der Ferne trieb's mich jüngst zum Ort
Wo Liebchen wohnt; vor'm Hause blieb ich stehen
Die ganze Nacht, ging erst am Morgen fort.

So schildert Heine dies Ereignis seinem Freunde Sethe in einem Sonett.[*]

Der „verfehlte Beruf" und der Zweifel an Mollys Gegenliebe machten ihm das Leben in Hamburg zur Hölle. Er besaß eben eine unüberwindliche Abneigung gegen den Kaufmannsstand. Dennoch

---

[*] Junge Leiden. Sonett 6.

mußte er ein Geschäft am Graskeller 139, später in der kleinen Bäckerstraße gelegen, auf Wunsch seines Oheims übernehmen. Bereits vor Ablauf von Jahresfrist liquidierte dasselbe. Der Dichter fand mehr Vergnügen daran, am sogenannten „Alster-Pavillon", einem Caféhause am Jungfernstieg direkt an dem wunderschönen Alsterpavillon gelegen, sich in poetische Träume zu versenken und stundenlang dem Schnäbeln der Schwäne zuzuschauen, als auf dem Comptoirbock den merkantilen Geschäften nachzugehen. Ganz natürlich für ein Dichtergemüt wie dasjenige Heines. Sein inneres Leben war damals nach seinem eigenen späteren Geständnis versunken in den düstern Bildern einer phantastischen Traumwelt, sein äußeres Leben dagegen toll, wüst, zynisch und abstoßend. Endlich jedoch gestattete der alte Oheim ihm, sich den Universitätsstudien zu widmen, da er einsehen mußte, daß „der dumme Junge", wie er ihn in gutmütigem Scherze zu nennen pflegte, doch zum Merkursjünger verdorben sei. Von seinem poetischen Talente hatte er keine besonders hohe Meinung und noch in viel späterer Zeit pflegte er zuweilen achselzuckend zu sagen:

„Hätte der dumme Junge was gelernt, so brauchte er nicht Bücher zu schreiben."

Beim Scheiden von der Geliebten und von der Hansestadt singt er:

> Schöne Wiege meiner Leiden,
> Schönes Grabmal meiner Ruh',
> Schöne Stadt, wir müssen scheiden, —
> Lebe wohl! ruf' ich Dir zu.

Lebe wohl, Du heil'ge Schwelle,
Wo da wandelt Liebchen traut;
Lebe wohl, Du heil'ge Stelle,
Wo ich sie zuerst geschaut.

Hätt' ich Dich doch nie gesehen,
Schöne Herzenskönigin!
Nimmer wär' es dann geschehen,
Daß ich jetzt so elend bin.

Nie wollt' ich Dein Herze rühren,
Liebe habe ich nie erfleht;
Nur ein stilles Leben führen
Wollt' ich, wo Dein Odem weht.

Doch Du drängst mich selbst von hinnen,
Bitt're Worte spricht Dein Mund;
Wahnsinn wühlt in meinen Sinnen,
Und mein Herz ist krank und wund!

Und die Glieder matt und träge
Schlepp' ich fort am Wanderstab,
Bis mein müdes Haupt ich lege
Ferne in ein kühles Grab.

Doch kaum in Göttingen, erhielt der Dichter die niederschmetternde Nachricht von Mollys Verlobung mit dem Rittergutsbesitzer John Friedländer in Königsberg. Seinen tiefgekränkten Gefühlen macht er in leidenschaftlichen Ergüssen Luft:

"Ich weiß eine alte Kunde,
Die hallet dumpf und trüb:
Ein Ritter liegt liebeswunde,
Doch treulos ist sein Lieb.

Als treulos muß er verachten
Die eigne Herzliebste sein,
Als schimpflich muß er betrachten
Die eigene Liebespein.

Er möchte in die Schranken reiten
Und rufen die Ritter zum Streit;
Der mag sich zum Kampfe bereiten,
Der mein Lieb' eines Makels zeiht.

Da würden wohl alle schweigen,
Nur nicht sein eigener Schmerz;
Da müßt er die Lanze neigen
Wider's eigene klagende Herz."

Am 15. August 1821 fand die Hochzeit auf dem Zollenspieker bei Hamburg statt:

Im Traum sah' ich ein Männchen klein und stutzig,
Das ging auf Stelzen, Schritte ellenweit.
Trug weiße Wäsche und ein reines Kleid,
Inwendig aber war es grob und schmutzig.

Inwendig war es jämmerlich, nichtsnutzig
Jedoch von außen voller Würdigkeit,
Von der Courage sprach es lang und breit,
Und tat sogar recht trutzig und recht stutzig.

„Und weißt Du, wer das ist? Komm her und schau!"
So sprach der Traumgott, und er zeigte mir schlau
Die Bilderflut in eines Spiegels Rahmen.

Vor einem Altar stand das Männchen da,
Mein Lieb daneben, beide sprachen „Ja!"
Und tausend Teufel riefen lachend „Amen!"

*

*⁾Was treibt und tobt mein wildes Blut?
Was flammt mein Herz in wilder Glut?
Es kocht mein Blut und schäumt und gärt,
Und grimme Glut mein Herz verzehrt.

Das Blut ist toll, und gärt und schäumt,
Weil ich den bösen Traum geträumt'
Es kam der finstere Sohn der Nacht,
Und hat mich keuchend fortgebracht.

Er bracht' mich in ein helles Haus,
Wo Harfenklang und Saus und Braus,
Und Fackelglanz und Kerzenschein;
Ich kam zum Saal, ich trat hinein.

Das war ein lustig Hochzeitsfest;
Zur Tafel saßen froh die Gäst:
Und wie ich nach dem Brautpaar schaut', —
O weh! mein Liebchen war die Braut.

Das war mein Liebchen wunnesam,
Ein fremder Mann war Bräutigam;
Dicht hinter'm Ehrenstuhl der Braut,
Da blieb ich stehn, gab keinen Laut.

Es rauscht Musik — gar still stand ich;
Der Freudenlärm betrübte mich;
Die Braut, sie blickt so hochbeglückt,
Der Bräut'gam ihre Hände drückt.

Der Bräut'gam füllt den Becher sein,
Und trinkt daraus, und reicht gar fein
Der Braut ihn hin, sie lächelt Dank, —
O weh! mein rotes Blut sie trank.

Die Braut ein hübsches Äpflein nahm
Und reicht es hin dem Bräutigam;

---

*⁾ 5. Traumbild.

Der nahm sein Messer, schnitt hinein, —
O weh! Das war das Herze mein.

Sie äugeln süß, sie äugeln lang,
Der Bräutigam kühn die Braut umschlang,
Und küßt sie auf die Wangen rot, —
O weh! mich küßt der kalte Tod.

Wie Blei lag meine Zung' im Mund,
Daß ich kein Wörtlein sprechen kunnt.
Da rauscht es auf, der Tanz begann;
Das schmucke Brautpaar tanzt voran.

Und wie ich stand so leichenstumm,
Die Tänzer schweben leicht herum;
Ein leises Wort der Bräut'gam spricht,
Die Braut wird rot, doch zürnt sie nicht.

Heine war nach der preußischen Hauptstadt übergesiedelt, in deren gesellschaftlichen Zerstreuungen, in den Salons der schönsten und geistreichsten Frauen, unter anderen der berühmten Rahel von Varnhagen, Friederike Robert, Elise von Hohenhausen, er Vergessenheit suchte — doch ohne Erfolg. Sein armes Herz hatte zu große Kränkung erfahren von derjenigen, welche er einst geliebt hatte. Ganz besonders mochte es ihn verletzen, daß Molly seinen für sie gedichteten Liedern mit Kälte begegnete, doch über die weit größere, daß sie seine Liebe verschmäht hatte, kam er nie wieder hinweg. Das verletzte Gefühl machte sich auch in seinen Briefen geltend. Einer derselben, vom 18. Juni 1823 aus Lüneburg datiert, wo er sich zum Besuche seiner Eltern, welche dorthin ihren Wohnsitz verlegt hatten, aufhielt, ist an den

Berliner Freund Moser gerichtet und lautet:

„In einiger Zeit reise ich nach der Hochzeit meiner Schwester, die zwischen hier und Hamburg stattfindet.[*)] Bald darauf — sage und schreibe es aber keiner menschlichen Seele — reise ich auf acht Tage nach Hamburg. Hamburg wird viele schmerzliche Erinnerungen in mir aufregen, doch wird es von großem Nutzen sein, daß ich hinreise. Ein mir feindliches Hundepack umlagert meinen Oheim.

Am 11. Juli schreibt er demselben Freund aus Hamburg unter anderem:

„Auch hat sich noch nichts Äußerliches mit mir zugetragen — ihr Götter: desto mehr Innerliches. Die alte Leidenschaft bricht nochmals mit Gewalt hervor. Ich hätte nicht nach Hamburg gehen sollen, wenigstens muß ich machen, daß ich sobald als möglich fortkomme. Ein arger Wahn kommt in mir auf, ich fange an, selbst zu glauben, daß ich geistig anders organisiert sei und mehr Tiefe habe, als andere Menschen. Ein düsterer Zorn liegt wie eine Eisdecke auf meiner Seele. Ich lechze nach ewiger Nacht."

Ja, die alte Leidenschaft brach mit neuer Gewalt hervor. Die Geliebte war auf immer verloren, sie gehörte der Geschichte für ihn an. Die Einzelheiten derselben aufzuzeichnen, war dem Dichter jetzt ein Herzensbedürfnis und ein Trost zu glei-

---

[*)] In den Vierlanden.

cher Zeit. Zerstreut zwar liegen die einzelnen Begebenheiten in den Blütenversen des „Lyrischen Intermezzo", ergeben jedoch richtig zusammengestellt genaue Kunde des Verlaufs dieser unglückseligen Jugendleidenschaft des Dichters. Fürwahr, ein Romeo und Julia in Versen entrollt sich unseren Blicken, einzig dastehend in unserer Literaturgeschichte.

> Es ist eine alte Geschichte,
> Doch bleibt sie ewig neu;
> Und wem sie just passieret,
> Dem bricht das Herz entzwei.

*

> Im wunderschönen Monat Mai,
> Als alle Knospen sprangen,
> Da ist in meinem Herzen
> Die Liebe aufgegangen.
>
> Im wunderschönen Monat Mai
> Als alle Vögel sangen,
> Da hab' ich ihr gestanden
> Mein Sehnen und Verlangen.

*

> Aus meinen Tränen sprießen
> Viel blühende Blumen hervor
> Und meine Seufzer werden
> Ein Nachtigallenchor.
>
> Und wenn Du mich lieb hast, Kindchen,
> Schenk' ich Dir die Blumen all',
> Und vor Deinem Fenster soll blühen
> Das Lied der Nachtigall.

*

Die Rose, die Lilie, die Taube, die Sonne,
Die liebt' ich einst alle in Liebeswonne,
Ich lieb' sie nicht mehr, ich liebe alleine
Die Kleine, die Feine, die Reine, die Eine;
Sie selber aller Blumen Bronne
Ist Rose und Lilie und Taube und Sonne.

*

Wenn ich in Deine Augen seh',
So schwindet all' mein Leid und Weh!
Doch wenn ich küsse Deinen Mund,
So werd' ich ganz und gar gesund.

Wenn ich mich lehn' an Deine Brust,
Kommt's über mich wie Himmelslust:
Doch wenn Du sprichst: Ich liebe Dich!
So muß ich weinen bitterlich.

*

Lehn' Deine Wang' an mein Wang',
Dann stießen die Tränen zusammen!
Und an mein Herz drück' fest Dein Herz,
Dann schlagen zusammen die Flammen!

Und wenn in die große Flamme fließt
Der Strom von unsern Tränen,
Und wenn Dich mein Arm gewaltig umschließt
Sterb' ich vor Liebessehnen!

*

Du liebst mich nicht, Du liebst mich nicht,
Das kümmert mich gar wenig,
Schau ich Dir nur ins Angesicht,
So bin ich froh wie'n König.

Du hassest, hassest mich sogar,
So spricht Dein rotes Mündchen;
Reich' es mir nur zum Küssen dar,
So tröst' ich mich, mein Kindchen.

*

Die Welt ist dumm, die Welt ist blind,
Wird täglich abgeschmackter!
Sie spricht von Dir, mein schönes Kind:
Du hast keinen guten Charakter.

Die Welt ist dumm, die Welt ist blind,
Und Dich wird sie immer verkennen;
Sie weiß nicht, wie süß Deine Küsse sind
Und wie sie beseligend brennen.

*

Wie die Wellenschaumgeborene
Strahlt mein Lieb in Schönheitsglanz,
Denn sie ist das auserkorene
Bräutchen eines fremden Manns.

Herz, mein Herz, Du vielgeduldiges,
Grolle nicht ob dem Verrat:
Trag' es, trag' es, und entschuldig' es,
Was die holde Törin tat.

*

Ich grolle nicht, und wenn das Herz auch bricht,
Ewig verlornes Lieb! ich grolle nicht.
Wie Du auch strahlst in Diamantenpracht,
Es fällt kein Strahl in Deines Herzens Nacht.

Das weiß ich längst. Ich sah Dich ja im Traum,
Und sah die Nacht in Deines Herzens Raum,
Und sah die Schlang', die Dir am Herzen frißt,
Ich sah, mein Lieb', wie sehr Du elend bist.

*

Das ist ein Flöten und Geigen,
Trompeten schmettern drein;
Da tanzt den Hochzeitsreigen
Die Herzallerliebste mein.
Das ist ein Klingen und Dröhnen
Von Pauken und Schalmei'n;
Dazwischen schluchzen und tönen
Die guten Engelein.

*

Sie haben Dir viel erzählet
Und haben viel geklagt;
Doch was meine Seele gequälet,
Das haben sie nicht gesagt.

Sie machten ein großes Wesen
Und schüttelten kläglich das Haupt,
Sie nannten mich den Bösen
Und Du hast alles geglaubt.

Jedoch das Allerschlimmste,
Das haben sie nicht gewußt;
Das Schlimmste und das Dümmste,
Das trug ich geheim in der Brust.

*

Die Linde blühte, die Nachtigall sang,
Die Sonne lachte mit freundlicher Lust;
Da küßtest Du mich, und Dein Arm mich umschlang,
Da preßtest Du mich an die schwellende Brust.

Die Blätter fielen, der Rabe schrie hohl,
Die Sonne grüßte verdrossenen Blicks;
Da sagten wir frostig einander: „Lebwohl!"
Da knicktest Du höflich den höflichsten Knicks.

Diese Anklagen gegen die Angehörige Amaliens waren auf jeden Fall nicht unberechtigt, namentlich wurde die Abneigung Mollys gegen den Dichter von der Mutter, der zweiten Gemahlin seines Oheims, energisch unterstützt. Noch Jahre später richtet der Dichter folgende Zeilen an denselben, welche aus den Bädern von Lucca den 15. September 1828 datiert sind.[*)]

„Diesen Brief erhalten Sie aus den Bädern von Lucca auf den Apenninen, wo ich seit vierzehn Tagen bade. Die Natur ist hier schön und die Menschen liebenswürdig. In der hohen Bergluft, die man hier einatmet, vergißt man seine kleinen Sorgen und Schmerzen und die Seele erweitert sich. Ich habe dieser Tage so lebhaft an Sie gedacht, ich habe so oft mich darnach gesehnt, Ihnen die Hand zu küssen, daß es wohl natürlich ist, wenn ich Ihnen schreibe. Wollt ich's aufschieben, bis ich wieder herabkomme und Bitterkeit und Kummer wieder in meine Brust einziehen, so würde ich auch kummervoll Bittres schreiben. Das soll aber nicht geschehen, ich will nicht denken an die Klagen, die ich gegen Sie führen möchte, und die vielleicht größer sind, als Sie nur ahnen können. Ich bitte Sie, lassen Sie daher auch etwas ab von den Klagen gegen mich, da sie sich doch alle auf Geld reduzieren lassen, und wenn sie alle in Heller und Pfennig in Banco ausgerechnet, doch am Ende eine Summe herauskäme, die ein Millio-

---

[*)] Heines Werke: Briefe von Heinr, Heine. Band 19, Nr. 73, pag. 331.

när wohl wegwerfen könnte, statt, daß meine Klagen unberechenbar sind, unendlich, denn sie sind geistiger Art, wurzeln in der Tiefe der schmerzlichsten Empfindungen. Hätte ich jemals auch nur mit einem einzigen Blick die Ehrfurcht gegen Sie verletzt oder Ihr Haus beleidigt — **ich habe es nur zu sehr geliebt!** — dann hätten Sie Recht zu zürnen. Doch jetzt nicht, wenn alle Ihre Klagen zusammengezählt würden, so gingen sie doch alle in einen Beutel hinein, der nicht einmal von allzu großer Fassungskraft zu sein braucht, und sie gingen sogar mit Bequemlichkeit hinein. Und ich setze den Fall, der graue Sack wäre zu klein, um Salomon Heines Klagen gegen mich fassen zu können, und der Sack risse — glauben Sie wohl, Onkel, daß das ebenso viel bedeutet, als wenn ein Herz reißt, das man mit Kränkungen überstopft hat! Doch genug, die Sonne scheint heute und wenn ich zum Fenster hinausblicke, so sehe ich Nichts wie lachende Berge mit Weinreben. Ich will nicht klagen, ich will Sie nur lieben, wie ich immer getan, ich will nur an Ihre Seele denken und will gestehen, daß diese doch noch schöner ist, als die Herrlichkeit, die ich jetzt in Italien gesehen ... "

(Und am Schlusse des Briefes:)

„Und nun leben Sie wohl. Es ist gut, daß ich Ihnen nicht sagen kann, wo eine Antwort von Ihnen mich treffen würde. Sie sind nun um so eher überzeugt, daß dieser Brief Sie in keiner Hinsicht belästigen soll. Er ist bloß ein Seufzer! Es ist mir leid, daß ich diesen Seufzer nicht frankieren kann, er wird Ihnen Geld kosten — wieder neuen Stoff zu klagen. Adieu, teurer, guter, großmütiger, knickriger, edler, unendlich geliebter Onkel!"

Im Brouillon dieses Briefes stand u. a. ursprünglich folgende Stelle:

„Madame Heine zu grüßen, so kalt als möglich, denn ich weiß, sie fühlt auch für mich keine allzu große Hitze. Ich habe zuletzt in Hamburg eine einzige Silbe aus ihrem Munde gehört, die mir verriet, woher der Wind pfiff."

Dies feindliche Eingreifen hatte Heine jedenfalls im Sinn, wenn er Molly zuruft:

> Ja, Du bist elend, und ich grolle nicht,
> Mein Lieb, wir sollen beide elend sein,
> Bis uns der Tod das kranke Herze bricht,
> Mein Lieb, wir sollen beide elend sein.
>
> Wohl seh' ich Spott, der Deinen Mund umschwebt,
> Und seh' Dein Augenblitzen trotziglich,
> Und seh' den Stolz, der Deinen Busen hebt —
> Und elend bist Du doch, elend wie ich.
>
> Unsichtbar zuckt auch Schmerz um Deinen Mund,
> Verborg'ne Träne trübt des Auges Schein,
> Der stolze Busen hegt geheime Wund', —
> Mein Lieb, wir sollen beide elend sein.

*

> Und wüßten's die Blumen, die kleinen,
> Wie tief verwundet mein Herz,
> Sie würden mit mir weinen,
> Zu heilen meinen Schmerz.

Und wüßten's die Nachtigallen,
Wie ich so traurig und krank,
Sie ließen fröhlich erschallen
Erquickenden Gesang.

Und wüßten sie mein Wehe,
Die gold'nen Sternelein,
Sie kämen aus der Höhe
Und sprächen Trost mir ein.

Die alle können's nicht wissen,
Nur eine kennt meinen Schmerz,
Sie hat ja selbst zerrissen,
Zerrissen mir das Herz.

*

Und als ich so lange, so lange gesäumt,
In fremden Ländern geschwärmt und geträumt
Da ward meiner Liebsten zu lang die Zeit
Und sie nähete sich ein Hochzeitskleid,
Und hat mit zärtlichen Armen umschlungen
Als Bräutigam den dümmsten der dummen Jungen.

Mein Liebchen ist so schon und mild,
Und schwebt mir vor ihr süßes Bild;
Die Veilchenaugen, die Rosenwänglein,
Die glühen und blühen jahraus und jahrein.
Daß ich von solchem Lieb konnt' weichen,
War der dümmste von meinen dummen Streichen.

*

Wenn ich ein Gimpel wäre,
So flög' ich gleich an Dein Herz,
Du bist ja hold den Gimpeln
Und heilest Gimpelschmerz.

*

Vergiftet sind meine Lieder; —
Wie könnt' es anders sein?
Du hast mir ja Gift gegossen
Ins blühende Leben hinein.

Vergiftet sind meine Lieder; —
Wie könnt' es anders sein?
Ich trage im Herzen viel Schlangen
Und Dich, Geliebte mein.

*

Allnächtlich im Traume seh' ich
Und sehe Dich freundlich grüßen,
Und laut aufweinend stürz' ich mich
Zu Deinen süßen Füßen.

Du siehst mich an wehmütiglich
Und schüttelst das blonde Köpfchen;
Aus Deinen Augen schleichen sich
Die Perlenträntröpfchen.

Du sagst mir heimlich ein leises Wort
Und gibst mir den Strauß von Zypressen —
Ich wache auf, und der Strauß ist fort,
Und das Wort hab' ich vergessen.

Der Zypressenstrauß als Symbol der Trauer — die Liebe zum Dichter war für Molly abgestorben!

Es fällt ein Stern herunter
Aus seiner funkelnden Höh',
Das ist der Stern der Liebe,
Den ich dort fallen seh'.

Es fallen vom Apfelbaume
Der Blüten und Blätter viel,
Es kommen die neckenden Lüfte
Und treiben damit ihr Spiel.

Es singt der Schwan im Weiher
Und rudert auf und ab,
Und immer leiser singend
Taucht er ins Flutengrab.

Es ist so still und dunkel!
Verweht ist Blatt und Blüt',
Der Stern ist knisternd zerstoben,
Verklungen das Schwanenlied.

*

Mein süßes Lieb, wenn Du im Grab,
Im dunkeln Grab wirst liegen.
Dann will ich steigen zu Dir hinab,
Und will mich an Dich schmiegen.

Ich küsse, umschlinge und presse Dich wild,
Du Stille, Du Kalte, Du Bleiche!
Ich jauchze, ich zitt're, ich weine mild,
Ich werde selber zur Leiche.

Die Toten stehn auf, die Mitternacht ruft,
Sie tanzen im lustigen Schwarme;
Wir Beide bleiben in der Gruft,
Ich liege in Deinem Arme.

Die Toten stehn auf, der Tag des Gerichts
Ruft sie zu Qual und Vergnügen;
Wir Beide bekümmern uns um Nichts
Und bleiben umschlungen liegen.

Oft war der Gemütszustand des Dichters ein solcher, daß dieser schier verzweifelte und sich mit Selbstmordgedanken quälte. Eine Briefstelle aus dieser Zeit an Freund Moser lautet:[*)]

„Verdammtes Hamburg.

„Da ich just nicht bei Kasse bin und Dir auch kein ganz ordinäres Spielzeug kaufen will, so will ich Dir etwas ganz Apartes zu Weihnachten schenken, nämlich das Versprechen, daß ich mich vor der Hand noch nicht totschießen will! Wenn Du wüßtest, was jetzt in mir vorgeht, so würdest Du einsehen, daß dieses Versprechen wirklich ein großes Geschenk ist und Du würdest nicht lachen, wie Du es jetzt tust, sondern Du würdest so ernsthaft aussehen, wie ich in diesem Augenblicke aussehe. Vor Kurzem habe ich den „Werther" gelesen, das ist ein wahres Glück für mich."

> Wo ich bin, mich rings umdunkelt
> Finsternis; so dumpf und dicht,
> Seit mir nicht mehr leuchtend funkelt,
> Liebste, Deiner Augen Licht.
>
> Mir erloschen ist der süßen
> Liebessterne goldne Pracht,
> Abgrund gähnt zu meinen Füßen,
> Nimm' mich auf, uralte Nacht!
>
> *
>
> Am Kreuzweg wird begraben,
> Wer selber sich brachte um,
> Dort wächst eine blaue Blume
> Die Armesünderblum!

[*)] Briefe von Heinr. Heine, Bd. 19, pag. 238.

Am Kreuzweg stand ich und seufzte,
Die Nacht war kalt und stumm,
Im Mondschein bewegte sich langsam
Die Armesünderblum.[*)]

*

Die alten bösen Lieder,
Die Träume schlimm und arg,
Die laßt uns jetzt begraben,
Holt einen großen Sarg.

Hinein leg' ich gar Manches,
Noch sag' ich noch nicht was;
Der Sarg muß sein noch größer
Wie's Heidelberger Faß.

Und holt eine Totenbahre
Von Brettern fest und dick;
Auch muß sie sein noch länger
Als wie zu Mainz die Brück'.

Und holt mir auch zwölf Riesen,
Die müssen noch stärker sein
Als wie der heil'ge Christoph
Im Dom zu Köln am Rhein.

Die sollen den Sarg forttragen
Und senken ins Meer hinab,
Denn solchem großen Sarge
Gebührt ein großes Grab.

Wißt ihr, warum der Sarg wohl
So groß und schwer mag sein?
Ich legt' auch meine Liebe
Und meinen Schmerz hinein.

[*)] Die Armesünderblume — das Sinnbild der unglücklich
 Liebenden.

Doch im Herzen des Dichters wollte die Liebe nicht sterben, trotz aller poetischen Bestattung derselben, denn nochmals ruft er mit Begeisterung:

> Ich habe Dich geliebet, und liebe Dich noch!
> Und fiele die Welt zusammen,
> Aus ihren Trümmern stiegen doch
> Hervor meiner Liebe Flammen.

Noch viele, viele Jahre später, als er längst seinen dauernden Aufenthalt in Paris genommen hatte und sich allen Zerstreuungen des modernen Babel hingab, wollte die alte Leidenschaft nicht weichen, bei passender Gelegenheit brach dieselbe wieder hervor, um sich in poetischen Perlen Luft zu machen.

So erblickte er einst eine junge Schöne, deren Züge ihn lebhaft an das verlorene Liebchen erinnerten:

> Ich bin nun fünfunddreißig Jahre alt,
> Und Du bist fünfzehnjährig kaum ...
> O, Jenny, wenn ich Dich betrachte,
> Erwacht in mir der alte Traum,
>
> Im Jahr achtzehnhundertsiebzehn
> Sah ich ein Mädchen wunderbar,
> Dir ähnlich an Gestalt und Wesen,
> Auch trug sie ganz wie du das Haar.
>
> Ich geh auf Universitäten,
> Sprach zu ihr, ich komm zurück
> In kurzer Zeit, erwarte meiner —
> Sie sprach: Du bist mein einz'ges Glück.

Drei Jahre hatt' ich Pandekten
Studiert, als ich am ersten Mai
Zu Göttingen die Nachricht hörte
Daß meine Braut vermählet sei.

Es war am ersten Mai! Der Frühling
Zog lachend grün durch Fels und Tal,
Die Vögel sangen, und es freute
Sich jeder Wurm im Sonnenstrahl.

Ich aber werde blaß und kränklich
Und meine Kräfte nehmen ab;
Der liebe Gott nur kann es wissen,
Was ich des Nachts gelitten hab'.

Doch ich genas. Meine Gesundheit
Ist jetzt so stark wie'n Eichenbaum,
O, Jenny, wenn ich Dich betrachte,
Erwacht in mir der alte Traum! [*]

Doch als die schreckliche Krankheit, welcher der kranke Dichter erliegen sollte, ihn völlig gelähmt und auf ein stetes schmerzhaftes Krankenlager geworfen hatte, versetzt er sich in die goldene Zeit der Jugendliebe zurück:

Im Traum war ich wieder jung und munter —
Es war das Landhaus hoch am Bergesrand, [**]
Wettlaufend lief ich dort den Pfad herunter
Wettlaufend mit Ottilien Hand in Hand.

*

Wie das Persönchen fein formiert!
Die süßen Meergrünen Augen zwinkern nixenhaft.

---

[*] Werke. „Neuer Frühling", „Jenny".
[**] Das Landhaus seines Oheims in Ottensen bei Hamburg.

Sie steht so fest auf ihren kleinen Füßen,
Ein Bild von Zierlichkeit vereint mit Kraft.

Der Ton der Stimme ist so treu und innig,
Man glaubt zu schaun bis an der Seele Grund;
Und alles, was sie spricht, ist klug und innig,
Wie eine Rosenknospe ist der Mund.

Es ist nicht Liebesweh, was mich beschleichet,
Ich schwärme nicht, ich bleibe bei Verstand,
Doch wunderbar ihr Wesen mich erweichet
Und heimlich bebend küßt' ich ihre Hand.

Ich glaub' am Ende brach ich eine Lilie,
Die gab' ich ihr und sprach dabei:
Heirate mich und sei mein Weib, Ottilie,
Damit ich fromm wie Du und glücklich sei.

Was sie zur Antwort gab, das weiß ich nimmer,
Denn ich erwachte jählings — und ich war
Wieder ein Kranker, der im Krankenzimmer
Trostlos darniederliegt seit manchem Jahr.—

Bei einem Besuche derselben in Paris war es dem sterbenden Heine noch vergönnt, das Töchterchen Mollys zu sehen, welches Ereignis ihm folgende Verse entlockte:

An die Tochter der Geliebten[*]

Ich sah Dich an und glaub' es kaum —
Es war ein schöner Rosenbaum,
Die Düfte stiegen mir lockend zu Häupten,
Daß sie mir zuweilen das Herz betäubten —
Es blutet hervor die Erinnerung —
Ach! damals war ich närrisch und jung —

---

[*] Letzte Gedichte und Gedanken.

Jetzt bin ich alt und närrisch. — Ein Stechen
Fühl' ich im Aug'. — Nun muß ich sprechen
In Reimen sogar — es wird mir schwer,
Das Herz ist voll, der Kopf ist leer!
Du kleine Cousinenknospe! es zieht
Bei Deinem Anblick durch mein Gemüt
Gar seltsame Trauer, in seinen Tiefen
Erwachen Bilder, die lange schliefen.
Sirenenbilder, sie schlagen auf
Die lachenden Augen, sie schwimmen herauf
Lustplätschernd — die Schönste der Schar,
Die gleicht Dir selber auf ein Haar!
Das ist der Jugend Liebestraum —
Ich seh' Dich an und glaub' es kaum!
Das sind die Züge der teuren Sirene,
Das sind die Blicke, das sind die Töne —
Sie hat ein süßkrötiges Stimmelein,
Bezaubernd die Herzen groß und klein, —
Die Schmeicheläuglein spielen ins Grüne,
Meerwunderlich mahnend an Delphine —
Ein bißchen spärlich die Augenbrauen,
Doch hochgewölbt und anzuschauen
Wie anmutstolze Siegesbogen —
Auch Grübchenringe, lieblich gezogen
Dicht unter das Aug' in den rosigen Wänglein -
Doch leider! weder Menschen noch Engelein
Sind ganz vollkommen — das herrlichste Wesen
Hat seine Fehler, wie wir lesen
In alten Märchen, Herr Lusignan,
Der einst die schönste Meerfee gewann,
Hat doch an ihr in manchen Stunden
Den heimlichen Schlangenschwanz gefunden.

III. Therese Heine

> Sie liebten sich Beide, doch keiner
> Wollt's dem andern gesteh'n,
> Sie sahen sich an so feindlich
> Und wollten vor Liebe vergeh'n.

Am 21. Mai 1823 sandte der Baron Friedrich de la Motte Fouqué, der berühmte Romantiker und Sänger des reizenden Zaubermärchens „Undine", welcher ein großer Verehrer Heines war, demselben folgendes Gedicht:

> Du lieber, herzblutender Sänger,
> Dein Lied versteh' ich ja wohl,
> Doch singe so wirr nicht länger,
> So zürnend nicht und hohl.
>
> Hohl wie die Geister um Mitternacht,
> Wie im Walde der Wind so wirr,
> Und zürnend wie in Gewitterpracht
> Der Blitze blendend Geschwirr.
>
> Ich habe so zürnend gesungen wie Du,
> Ich habe geblutet gleich Dir,
> Da strahlte durch Wolken Mondesruh,
> Da fühlt' ich, dort ist nicht hier.
>
> Da wüßt' ich: es gibt ein allsüßes Licht,
> Das zieht mich zum ewigen Fest,
> Doch warnte mich's: Tändle mit Schlangen nicht,
> Die Schlangen halten so fest.
>
> Wer bis an sein Grab mit Schlangen spielt,
> Dem kriechen sie nach in das Grab,
> Wenn dann auch das Herz gen Himmel zieht,
> So ringen sie's wieder herab.

Du, dem die Kraft in den Liedern schäumt,
Dem zuckt auf der Lippe der Schmerz:
„Du hast schon einmal so Schlimmes geträumt",
O hüte Dein liebes Herz.

Dein liebes Herz hat Dein Gott ja so lieb,
Und haucht ihm zu: „Dich versühn' ich!"
Die Schlange, das ist der alte Dieb,
Dein Gott ist der ewige König!

In der Tat, ohne daß der alte Traum erloschen, die tiefen Wunden desselben noch bluteten, wurde der Dichter schon wieder von einer neuen und zwar ganz gewaltigen Leidenschaft verzehrt.

Es war im Jahre 1823, als Heine auf einer Reise nach Hamburg, welche er zur Hochzeitsfeier seiner Schwester „Lottchen"[*] unternahm, mit der Familie Mollys zusammentraf.

> Als ich auf der Reise zufällig
> Der Liebsten Familie fand,
> Schwester, Vater und Mutter,
> Sie haben mich freudig erkannt.
>
> Sie fragten nach meinem Befinden,
> Und sagten selber sogleich:
> Ich hätte mich gar nicht verändert,
> Nur mein Gesicht sei bleich.
>
> Ich fragte nach Muhmen und Basen,
> Nach manchem langweil'gen Gesell'n,
> Und nach dem kleinen Hündchen
> Mit seinem sanften Bell'n.

---

[*] Lottchen, die einzige Lieblingsschwester des Dichters, vermählte sich mit dem Bankier Moritz v. Embden.

> Auch nach der vermählten Geliebten
> Fragte ich nebenbei;
> Und freundlich gab man zur Antwort,
> Daß sie in den Wochen sei.
>
> Und freundlich gratuliert' ich
> Und lispelte liebevoll:
> Daß man sie von mir recht herzlich,
> Vieltausendmal grüßen soll.
>
> Schwesterchen rief dazwischen:
> Das Hündchen sanft und klein
> Ist groß und toll geworden,
> Und ward ertränket im Rhein.
>
> Die Kleine gleicht der Geliebten,
> Besonders, wenn sie lacht;
> Sie hat dieselben Augen,
> Die mich so elend gemacht.

Diese Kleine mit denselben Augen, welche den Dichter so elend gemacht hatten, war bestimmt, ihn noch viel elender zu machen.

> Wer zum ersten Male liebt,
> Sei's auch glücklos, ist ein Gott;
> Aber wer zum zweiten Male
> Glücklos liebt, der ist ein Narr,
>
> Ich ein solcher Narr, ich liebe
> Wieder ohne Gegenliebe.
> Sonne, Mond und Sterne lächeln
> Und ich lache mit — und sterbe.

Eine Briefstelle aus dieser Zeit an Freund Moser lautet:[*]

---

[*] Heinrich Heines Werke, Briefe, Nr. 19, pag. 102.

„Meine Schmerzen machten mich unerquicklich, und durch den Tod einer Cousine und der dadurch entstandenen Bestürzung in meiner Familie fand ich auch nicht viel Erquickliches bei Anderen. Zu gleicher Zeit wirkte die Magie des Orts furchtbar auf meine Seele, und ein ganz neues Prinzip taucht in derselben auf; dieses Gemütsprinzip wird mich wohl eine Reihe von Jahren leiten und mein Tun und Lassen bestimmen. — — Ich sehne mich darnach, Dir in vertrauter Stunde meinen Herzensvorhang aufzudecken, und Dir zu zeigen, wie die neue Torheit auf der alten gepfropft ist. Hamburg!!! mein Elysium und Tartarus zu gleicher Zeit, Ort, den ich detestiere und am meisten liebe, wo mich die abscheulichsten Gefühle martern und wo ich mich dennoch hinwünsche und wo ich mich gewiß in der Folge öfter befinden werde, und —"

In der Tat, die neue Torheit war auf der alten gepfropft, wie sich Heine selbst ausdrückt. Die Ähnlichkeit Theresens, der acht Jahre jüngeren Schwester der verlorenen Geliebten, mochte den Dichter nicht wenig bestimmt haben, sich derselben zuzuwenden.

Die Glut der zweiten Liebe, von welcher er erfaßt wurde, schildert uns Heine aus eigener Erfahrung in höchst interessanter Weise:[*]

„Ach, wenn man zum zweiten Male von der gro-

---

[*] Heinr. Heines Werke, Band 3, „Julia" in Shakespeares Mädchen und Frauen, pag. 297.

ßen Glut erfaßt wird, so fehlt leider dieser Glaube an ihre Unsterblichkeit, und die schmerzlichste Erinnerung sagt uns, daß sie sich am Ende selber aufzehrt.

„——— Daher die Verschiedenheit der Melancholie bei der ersten Liebe und bei der zweiten... Bei der ersten denken wir, daß unsere Leidenschaft nur mit tragischem Tode endigen müsse, und in der Tat, wenn nicht anders die entgegendrohenden Schwierigkeiten zu überwinden sind, entschließen wir uns leicht, mit der Geliebten ins Grab zu steigen. Hingegen bei der zweiten Liebe liegt uns der Gedanke im Sinne, daß unsere wildesten und herrlichsten Gefühle sich mit der Zeit in eine zahme Lauheit verwandeln, daß wir die Augen, die Lippen, die Hüften, die uns jetzt so schauderhaft begeistern, einst mit Gleichgültigkeit betrachten werden. Ach! dieser Gedanke ist melancholischer als jede Todesahnung! ... Das ist ein trostloses Gefühl, wenn wir im heißesten Rausche an künftige Nüchternheit und Kühle denken und aus Erfahrung wissen, daß die hochpoetischen, herrlichen Leidenschaften ein so klägliches, prosaisches Ende nehmen!" ...

„Ich wage es nicht, Shakespeare im Mindesten zu tadeln, und nur meine Verwunderung möchte ich darüber aussprechen, daß er den Romeo erst eine Leidenschaft für Rosalinde empfinden läßt, ehe er ihm Julien zuführt. Trotzdem, daß er sich der zweiten Liebe ganz hingibt, nistet doch in seiner Seele eine gewisse Skepsis, die sich in ironischen

Redensarten kundgibt und nicht selten an Hamlet erinnert. Oder ist die zweite Liebe bei dem Manne die stärkere, eben weil sie alsdann mit klarem Selbstbewußtsein gepaart ist?"

Anfangs verbarg Heine seine zweite Leidenschaft im tiefsten Innern seines Busens. Kein Laut, kein Geständnis gab der Geliebten seine Gefühle kund.

> Man glaubt, daß ich mich gräme[*]
> In bitterm Liebesleid,
> Und endlich glaub' ich es selber,
> So gut wie andre Leut'.
>
> Du Kleine mit großen Augen,
> Ich hab' es Dir immer gesagt,
> Daß ich Dich unendlich liebe,
> Daß Liebe mein Herz zernagt.
>
> Doch nur in einsamer Kammer
> Sprach ich auf solche Art,
> Und ach, ich hab' immer geschwiegen
> In Deiner Gegenwart.
>
> Da gab es böse Engel,
> Die hielten mir zu den Mund;
> Und ach! durch böse Engel
> Bin ich so elend jetzund.
>
> *
>
> Deine weißen Lilienfinger,
> Könnt' ich sie noch einmal küssen
> Und sie drücken an mein Herz
> Und vergeh'n in stillem Weinen!

---

[*] Heines Werke, „Die Heimkehr".

Deine klaren Veilchenaugen
Schweben vor mir Tag und Nacht,
Und mich quält es: Was bedeuten
Diese süßen, blauen Rätsel.

*

Andere beten zur Madonne,
Andere auch zu Paul und Peter;
Ich jedoch, ich will nur beten,
Nur zu Dir, Du schöne Sonne.

Gib mir Küsse, gib mir Wonne,
Sei mir gütig, sei mir gnädig,
Schönste Sonne unter den Mädchen,
Schönstes Mädchen unter der Sonne!

*

Verriet mein blasses Angesicht
Dir nicht mein Liebeswehe?
Und willst Du, daß der stolze Mund
Das Bettelwort gestehe?

O, dieser Mund ist viel zu stolz
Und kann nur küssen und scherzen:
Er spräche vielleicht ein höhnisches Wort,
Während ich sterbe vor Schmerzen.

*

Teurer Freund, Du bist verliebt,
Und Dich quälen neue Schmerzen;
Dunkler wird es Dir im Kopf,
Heller wird es Dir im Herzen.

Nur daß mir's so leicht gelinget,
Will mich dennoch fast betrüben,
Und ich denke manchmal dennoch:
Mögtest Du mich dennoch lieben!

Inzwischen hatte der Dichter seine Studien beendet, am 20. Juli 1825 die Würde eines Doktors beider Rechte erworben, und war abermals nach Hamburg zurückgekehrt. Die Leidenschaft steigerte sich dort aufs Heftigste, er wurde zum Einsiedler und verkehrte nur noch im Hause seiner Verwandten, des Syndikus Sieveking und des Kandidaten Wohlwill.

>
> Ich hab' mir lang den Kopf zerbrochen
> Mit Denken und Sinnen, Tag und Nacht,
> Doch Deine liebenswürdigen Augen,
> Sie haben mich zum Entschluß gebracht.
>
> Jetzt bleib' ich, wo Deine Augen leuchten,
> In ihrer süßen, klugen Pracht —
> Daß ich noch einmal würde lieben,
> Ich hätt' es nimmermehr gedacht.

*

> Wenn ich auf dem Lager liege,
> In Nacht und Kissen gehüllt,
> So schwebt mir vor ein süßes,
> Anmutig liebes Bild.
>
> Wenn mir der stille Schlummer
> Geschlossen die Augen kaum,
> So schleicht das Bild sich leise
> Hinein in meinen Traum.
>
> Doch mit dem Traum des Morgens
> Zerrinnt es nimmermehr;
> Dann trag' ich es im Herzen
> Den ganzen Tag umher.

*

Du hast Diamanten und Perlen,
Hast alles, was Menschenbegehr,
Und hast die schönsten Augen,
Mein Liebchen, was willst Du noch mehr?

Auf Deine schönen Augen
Hab' ich ein ganzes Heer
Von ewigen Liedern gedichtet —
Mein Liebchen, was willst Du noch mehr?

Mit Deinen schönen Augen
Hast Du mich gequälet so sehr,
Und hast mich zu Grunde gerichtet,
Mein Liebchen, was willst Du noch mehr?

Schließlich wagt der Dichter dennoch, das Geheimnis seines Herzens zu lüften:

Ich wollte bei Dir weilen
Und an Deiner Seite ruhn;
Du mußtest von mir eilen,
Du hattest viel zu tun.

Ich sagte, daß meine Seele
Dir gänzlich ergeben sei
Du lachtest aus voller Kehle
Und machtest 'nen Knicks dabei.

Du hast noch mehr gesteigert
Mir meinen Liebesverdruß
Und hast mir sogar verweigert,
Am Ende den Abschiedskuß.

Glaub' nicht, dass ich mich erschieße,
wie schlimm auch die Sachen steh'n;
Das alles, meine Süße,
Ist mir schon einmal gescheh'n.

*

Sie haben heut' Abend Gesellschaft,
Und das Haus*⁾ ist lichterfüllt.
Dort oben am hellen Fenster
Bewegt sich ein Schattenbild.

Du schaust mich nicht, im Dunkeln
Steh' ich hier unten allein,
Noch weniger kannst Du schauen
In mein dunkles Herz hinein.

Mein dunkles Herze liebt Dich,
Es liebt Dich und es bricht,
Und bricht und zuckt und verblutet,
Aber Du siehst es nicht.

Jedoch die schlimmste Enttäuschung für den Dichter war bereits im Anzug. Ein Freund Heines, welcher ebenfalls viel im Hause seines Oheims verkehrte, Dr. jur. Adolf Halle, der spätere Präsident des Hanseatischen Handelsgerichts, hatte sich die Neigung Theresens zu erringen gewußt, und verlobte sich mit derselben im Anfange des Jahres 1828.

Jedenfalls ist derselbe auch auf alle Weise von den Eltern begünstigt worden, während dieselben einer Verbindung Theresens mit dem jungen Neffen durchaus abgeneigt waren. Die Hochzeit fand bald darauf statt.

Am 12. Februar schrieb Heine an Varnhagen von Ense:**⁾

---

*⁾ Dieses Haus, die heutige „Heinestiftung", befindet sich noch auf dem Jungfernstieg in Hamburg, zwischen dem Hamburger Hof und Streits Hotel.

**⁾ Aus Varnhagen von Ense. Nachlaß. Briefe von Stäge-

„Nach Hamburg werde ich nie wieder in diesem Leben zurückkehren."

Mit sarkastischen Versen beleuchtete er jetzt den glücklichen Nebenbuhler: *)

> O Du kanntest Koch und Küche,
> Loch und Schliche, Tür und Tor!
> Wo wir nur zusammenstrebten,
> Kamst Du immer uns zuvor.
>
> Jetzt heiratest Du mein Mädchen,
> Teurer Freund, das wird zu toll,
> Toller ist es nur, daß ich Dir
> Dazu gratulieren soll!
>
> *
>
> O, die Liebe macht uns selig,
> O, die Liebe macht uns reich!
> Also singt man tausendkehlig
> In dem heil'gen römischen Reich.
>
> *
>
> Du, Du fühlst den Sinn der Lieder,
> Und sie klingen, teurer Freund,
> Jubelnd Dir im Herzen wieder,
> Bis der große Tag erscheint.
>
> Wo die Braut mit den roten Bäckchen,
> Ihre Hand in Deine legt,
> Und der Vater mit den Säckchen
> Dir den Segen überträgt.

---

mann, Metternich, Heine und Bettina von Arnim. Leipzig, Brockhaus 1865. pag. 178.
*) Gedichte aus dem Nachlaß.

Säckchen voll mit Geld, unzählig,
Linnen, Betten, Silberzeug —
O, die Liebe macht uns selig,
O, die Liebe macht uns reich.

*

Der weite Boden ist überzogen
Mit Blumendecken, der grüne Wald,
Er wölbt sich hoch zu Siegesbogen,
Gefiederte Einzugsmusik erschallt!

Es kommt der schöne Lenz geritten,
Sein Auge sprüht, die Wange glüht!
Ihr solltet ihn zur Hochzeit bitten,
Denn gerne weilt er, wo Liebe blüht.

Es kommt der Lenz mit dem Hochzeitsgeschenk.
Mit Jubel und Musizieren,
Dem Bräutchen und dem Bräutigam
Kommt er zu gratulieren.

Er bringt Jasmin und Röselein
Und Veilchen und duftige Kräutchen —
Und Sellerie für den Bräutigam
Und Spargeln für das Bräutchen.

Doch Therese ruft er zu:

> Mit Deinen großen, allwissenden Augen
> Schaust Du mich an, und Du hast Recht,
> Wie konnten wir zusammen taugen.
> Da Du so gut und ich so schlecht!
>
> Ich bin so schlecht und bitterblütig,
> Und Spottgeschenke bring' ich dar
> Dem Mädchen, das so lieb und gütig,
> Und, ach! sogar aufrichtig war.

Viele Jahre waren vergangen.

Der kranke Dichter lag auf dem Sterbebette. Noch einmal ergriff er mit der zitternden Hand den Bleistift, um den Schwanengesang dieser unerloschenen Liebe unter dem Namen „Maria" zu singen:

> Es kommt der Tod — jetzt will ich sagen,
> Was zu verschweigen ewiglich
> Mein Herz gebot: Für Dich, für Dich,
> Es hat mein Herz für Dich geschlagen.
>
> Der Sarg ist fertig, sie versenken
> Mich in die Gruft, Da hab' ich Ruh',
> Doch Du, doch Du, Maria, Du
> Wirst weinen oft und mein gedenken.
>
> Du ringst sogar die schönen Hände,
> O, tröste Dich, — Das ist das Los,
> Das Menschenlos: was gut und groß
> Und schön, das nimmt ein schlechtes Ende.

Therese Halle, welche den berühmten Vetter lange Jahre überlebte, starb am 22. April 1880.

IV. Mirjam

In seinem Memoirenfragment schrieb Heine aus ureigenster Erfahrung, daß das wirksamste Gegengift gegen die Weiber — die Weiber seien, daß dies freilich hieße den Teufel durch Beelzebub bannen, und dann in solchem Falle die Medizin noch verderblicher sei als die Krankheit. Aber — fährt der Dichter fort — es ist immer eine Chance und in trostlosen Liebeszuständen ist der Wechsel der *Inamorata* gewiß das Ratsamste.

Diese Geständnisse geben wohl den besten Schlüssel für die stets neuen Liebesabenteuer Heines, in welche er sich sowohl in Bonn, Hamburg als auch in Berlin mit wahrer Wollust stürzte. Seine unglückliche Neigung zu seinen beiden Basen, dem lieblichen Schwesterpaare Amalie und Therese,[*)] suchte er dadurch in Verhältnissen zu betäuben, in welchen die Sinnlichkeit sicher eine große Rolle spielte. Eines der poetischsten dieser Art erlebte der Dichter in Berlin.

Dort sah er eines Abends ein armes Mädchen mit Namen „Mirjam", schluchzend und in Verzweiflung die Hände ringend, vor der Kranzler'schen Konditorei auf einem Steine sitzen. Sie war die Tochter eines Rabbiners aus Gnesen und

---

[*)] Siehe Ausführliches in der Studie von Kaufmann: Heinrich Heines Liebestragödien. Verlag von Sterns literarischem Bulletin der Schweiz, Zürich 1897.

mit ihrem Vater nach Berlin gereist, doch hatte derselbe hier einen plötzlichen Tod gefunden. Ohne Lebensunterhalt, allein und verlassen, befand sich die schöne Mirjam in der fremden, großen Stadt.

Heine nahm sich ihrer sofort aufs Liebreichste an, und stellte sie unter den Schutz seiner schöngeistigen berühmten Freundin, Rahel Lewin, der Gemahlin Varnhagens von Ense, welche sie aufs Freundlichste aufnahm und für die Erziehung der Waise Sorge trug. Da aber Heine der Schönheit des Mädchens nicht widerstehen konnte, schickte Rahel, um diese Leidenschaft im Keime zu ersticken, dieselbe nach ihrer Heimat zurück, trug aber dort weiter für dieselbe Sorge. Später besuchte sie Heine nochmals auf seiner Reise nach Preußisch-Polen.

Dieser Liebe zur armen „Mirjam" verdanken wir eine der herrlichsten Perlen unserer Poesie, nämlich die unvergleichlichen Verse:

> Du bist wie eine Blume
> So hold und schön und rein,
> Ich schau' Dich an und Wehmut
> Schleicht mir ins Herz hinein.
>
> Mir ist, als ob ich die Hände
> Auf's Haupt Dir legen sollt',
> Betend, daß Gott Dich erhalte
> So rein und schön und hold.

V. Die „Freundinnen" Rahel und Friederike

Rahel, wie sie die Mit- und Nachwelt kurz nannte, die Gemahlin Varnhagens von Ense, bildete den gesellschaftlichen Mittelpunkt eines auserlesenen Kreises von schöngeistigen, auserlesenen Männern und Frauen des damaligen Berlin. Im Rahelschen Salon war Heine wie zu Hause, denn derselbe war damals der tonangebende für alles, was sich für Kunst und Literatur in der preußischen Hauptstadt begeisterte.

Hier verkehrten die berühmten von Humboldts, Alexander, der große Naturforscher, sowie sein Bruder Wilhelm, der Minister Friedrich Wilhelms III., Baron de la Motte Fouqué, die Dichterin Elise von Hohenhausen und die schöne Friederike Robert, die Schwägerin der Rahel, mit ihrem Gatten Ludwig, ferner alles, was Rang und Namen hatte. Goethe war der Gott, dem hier aufs Entschiedenste gehuldigt wurde. Auch der unglückliche Prinz Louis Ferdinand von Preußen, welcher in dem Gefechte bei Saalfeld später sein junges tapferes Leben aushauchte, war ein häufiger Besucher und Freund der Rahel. Herzliche Freundschaft verband den jugendlichen Dichter auch namentlich mit der reizenden Schwägerin der Frau von Varnhagen, Friederike, Gemahlin von Ludwig Robert, an welche er folgenden Blütenstrauß seiner Muse richtete:

Friederike
1824

I.

Verlaß Berlin, mit seinem dicken Sande
Und dünnen Tee und überwitz'gen Leuten,
Die Gott und Welt, und was sie sonst bedeuten,
Begriffen längst mit Hegelschem Verstande.

Komm mit nach Indien, nach dem Sonnenlande,
Wo Ambradüfte ihren Duft verbreiten,
Die Pilgerscharen nach dem Ganges schreiten
Andächtig und im weißen Festgewande.

Dort, wo die Palmen weh'n, die Wellen blinken,
Am heil'gen Ufer Lotosblumen ragen
Empor zu Indras Burg, der ewig blauen,

Dort will ich gläubig vor Dir niedersinken,
Und Deine Füße drücken, und Dir sagen:
Madame! Sie sind die schönste aller Frauen!

II.

Der Ganges rauscht, mit klugen Augen schauen
Die Antilopen aus dem Laub, sie springen
Herbei mutwillig, ihre bunten Schwingen
Entfaltend, wandeln stolzgespreizte Pfauen.

Tief aus dem Herzen der bestrahlten Auen
Blumengeschlechter, viele neue, dringen,
Sehnsuchtsberauscht ertönt Kokila's Singen
Ja, Du bist schön, Du schönste aller Frauen!

Gott Kama lauscht aus allen Deinen Zügen,
Er wohnt in Deines Busens weißen Zelten,
Und haucht aus Dir die lieblichsten Gesänge.

Ich sah Wassant auf Deinen Lippen liegen,
In Deinem Aug' entdeckt' ich neue Welten,
Und in der eignen Welt wird mir's zu enge.

*

Der Ganges rauscht, der große Ganges schwillt,
Der Himalaya strahlt im Abendscheine,
Und aus der Nacht der Bananenhaine
Die Elefantenherde stürzt und brüllt. —

Ein Bild! Ein Bild! Mein Pferd für'n gutes Bild!
Womit ich Dich vergleiche, Schöne, Feine,
Dich Unvergleichliche, Dich Gute, Reine,
Die mir das Herz mit heit'rer Lust erfüllt!

Vergebens siehst Du mich nach Bildern schweifen
Und siehst mich mit Gefühl und Reimen ringen,
Und ach! Du lächelst gar ob meiner Qual!

Doch lächle nur! Denn wenn Du lächelst, greifen
Gandarven nach der Zither, und sie singen
Dort oben in dem goldnen Sonnensaal.

Das Verhältnis Heines zur schönen Friederike Robert kann wohl nicht besser illustriert werden, als durch folgende „Beichte" desselben vom 23. Dezember 1829:

„Hochzuverehrende Frau!
„Allerliebenswürdigste Friederike!
„Gw. Schöngeboren werden mein langes Stillschweigen verzeihen. Wenn ich so lange nicht geschrieben habe, so lag die Schuld nicht an meinem Gedächtnisse, worin Sie wie eine schöne Fee leben und blühen. Ach, schöne Friederike, ich bin unglücklich, und in solcher Lage hat man kaum

das Recht, an schöne Frauen zu denken, viel weniger, ihnen zu schreiben. Ich leide nämlich an einem hohlen Zahn und an einem hohlen Herzen, die beide eben wegen ihrer Hohlheit mir viel Qual verursachen. Leider habe ich nicht die Courage, mich der heilsamsten Operation zu unterziehen — ich meine in Betreff des Zahnes. Wenn ich an Sie denke, fühle ich manchmal Linderung — ich meine in Betreff des Herzens. Wenn ich sagte, liebe Robert, ich wäre in Sie verliebt, so löge ich; wenn ich aber sage, daß ich an Sie mit außerordentlicher Liebe denke, so sage ich die Wahrheit. Ich sterbe täglich mehr und mehr, ich bin fast ein Toter, und solche Leute haben das Recht, die Wahrheit zu sagen, da ihnen die Lüge keinen Spaß mehr macht. Von der letzten amourischen Bekanntschaft ist nichts übrig geblieben als ein öder Katzenjammer, ein widerwärtiger Spuk, ein gespenstischer Ärger; manchmal um Mitternacht miaut eine tote Katze in den Ruinen meines Herzens."

Das Abschiedsschreiben an Rahel beim Scheiden des Dichters aus dem so liebgewordenen Kreise lautet:

„Ich reise nun bald ab, und ich bitte Sie, werfen Sie mein Bild nicht ganz und gar in die Polterkammer der Vergessenheit. Ich könnte wahrhaftig keine Repressalien anwenden, und wenn ich mir auch hundert Mal des Tags vorsagte: Du willst Frau von Varnhagen vergessen!" es ginge doch nicht! Sie dürfen sich nicht mit einem schlechten Gedächtnisse entschuldigen. Ihr Geist hat einen

Kontrakt geschlossen mit der Zeit, und wenn ich vielleicht nach einigen Jahrhunderten das Vergnügen habe, Sie als die schönste und herrlichste aller Blumen im schönsten und herrlichsten aller Himmelstäler wiederzusehen, so haben Sie wieder die Güte, mich arme Stechpalme (oder werde ich noch etwas Schlimmeres sein?) mit Ihrem freundlichen Glanze und lieblichen Hauche wie einen alten Bekannten zu begrüßen. Sie tun es gewiß, haben Sie mir ja schon anno 1822 und 1823 Ähnliches getan, als Sie mich kranken, bittren, mürrischen, poetischen und unausstehlichen Menschen mit einer Artigkeit und Güte behandelt, die ich gewiß in diesem Leben nicht verdient, und nur wohlwollenden Erinnerungen einer früheren Connaissance verdanken muß ... "

VI. Donna Clara

Nur Wenigen mag es bekannt sein, daß die Romanze „Donna Clara" ebenfalls ein dichterisch verherrlichtes Liebesabenteuer darstellt, welches Heine in Berlin mit einer Baronesse und zwar im Tiergarten erlebte.

In einem Briefe an Moser schrieb der Dichter über diesen Gegenstand:

„Das Ganze ist eine Szene aus meinem eigenen Leben, bloß der Tiergarten wurde in den Garten des Alkaden verwandelt, Baronesse in Sennora und ich selbst in einen heiligen Georg oder gar Apoll."

> Tausend weiße Blütenflocken
> Haben ihren Duft ergossen. —
> Aber sage mir, Geliebte,
> Ist Dein Herz mir ganz gewogen?
>
> „Ja, ich liebe Dich, Geliebter,
> Bei dem Heiland sei's geschworen,
> Den die gottverfluchten Juden
> Boshaft tückisch einst ermordet."
>
> Laß den Heiland und die Juden,
> Spricht der Ritter, freundlich kosend.
> In der Ferne schwanken traumhaft
> Weiße Lilien, lichtumflossen.
>
> Weiße Lilien, lichtumflossen,
> Blicken nach den Sternen droben —
> Aber sage mir, Geliebte,
> Hast Du auch nicht falsch geschworen?

„Falsch ist nicht in mir, Geliebter,
Wie in meiner Brust kein Tropfen
Blut ist von dem Blut der Mohren
Und des schmutz'gen Judenvolkes."

Laß die Mohren und die Juden,
Spricht der Ritter, freundlich kosend;
Und nach einer Myrthenlaube
Führt er die Alkadentochter.

Mit den weichen Liebesnetzen
Hat er heimlich sie umflochten!
Kurze Worte, lange Küsse
Und die Herzen überflossen.

Wie ein schmelzend süßes Brautlied
Singt die Nachtigall, die holde;
Wie zum Fackeltanze hüpfen
Feuerwürmchen auf dem Boden.

In der Laube wird es stiller,
Und man hört nur, wie verstohlen,
Das Geflüster kluger Myrthen
Und der Blumen Atemholen.

Aber Pauken und Drommeten
Schallen plötzlich aus dem Schlosse.
Und erwachend hat sich Clara
Aus des Ritters Arm gezogen.

„Horch! da ruft es mich, Geliebter,
Doch bevor wir scheiden, sollst Du
Nennen Deinen lieben Namen
Den Du mir so lang verborgen."

Und der Ritter, heiter lächelnd,
Küßt die Finger seiner Donna,
Küßt die Lippen und die Stirne,
Und er spricht zuletzt die Worte:

Ich, Sennora, Euer Geliebter,
Bin der Sohn des vielbelobten
Großen Schriftgelehrten Rabbi
Israel von Saragossa.

VII. Harzidyll

Ebenfalls ist die reizende „Berg-Idylle" eine wahre Begebenheit aus Heines Harzreise, in welcher er uns das Bild der lieblichen naiven Bergmannstochter in so frischen und lebhaften Farben gemalt hat. Wie deutlich sehen wir die Kleine in der armen Bergmannshütte auf einem Schemel mit ihren großen fragenden Augen zu Füßen des Dichters sitzen, während die Mutter spinnt und der Vater zur Zither singt:

> Nein, es sieht uns nicht die Mutter,
> Denn sie spinnt mit großem Fleiß,
> Und der Vater spielt die Zither,
> Und er singt die alte Weis'.

Wie spricht sie alsdann ihre kindliche Vergnügungssucht, ihre abergläubische Furcht vor Berggeistern und ihre bange Sorge um sein Seelenheil so herzlich einfach aus:

> Vater, Mutter schnarchen leise
> In dem nahen Schlafgemach,
> Doch wir beide, selig schwatzend
> Halten uns einander wach.

> „Daß Du gar zu oft gebetet
> Das zu glauben, wär' mir schwer,
> Jenes Zucken Deiner Lippen
> Kommt wohl nicht vom Beten her."

> „Jenes böse kalte Zucken,
> Das erschreckt mich jedesmal,
> Doch die dunkle Angst beschwichtigt
> Deiner Augen frommer Strahl.

> „Auch bezweifl' ich, daß Du glaubest,
> Was so rechter Glauben heißt —
> Glaubst wohl nicht an Gott den Vater,
> An den Sohn und heil'gen Geist?"

Doch Heine weiß ihre bangen Sorgen gar bald zu beschwichtigen; vom heiligen Geist erzählt er:

> Dieser tat die größten Wunder
> Und viel größere tut er noch;
> Er zerbrach die Zwingherrnburgen
> Und zerbrach des Knechtes Joch.
>
> Alte Todeswunden heilt er
> Und erneut das alte Recht,
> Alle Menschen, gleichgeboren
> Sind ein adliges Geschlecht.
>
> Er verscheucht die bösen Übel
> Und das dunkle Hirngespinst.
> Das uns Lieb' und Lust verleidet,
> Tag und Nacht uns angegrinst.
>
> Tausend Ritter, wohlgewappnet,
> Hat der heil'ge Geist erwählt,
> Seinen Willen zu erfüllen,
> Und er hat sie mutbeseelt.
>
> Ihre teuern Schwerter blitzen,
> Ihre guten Banner weh'n!
> Ei, Du möchtest wohl, mein Kindchen,
> Solche stolzen Ritter sehn?
>
> Nun, so schau mich an, mein Kindchen,
> Küsse mich und schaue dreist;
> Denn ich selber bin ein solcher
> Ritter von dem heil'gen Geist.

VIII. Das schöne Fischermädchen

Als Heine im Jahre 1823 das Seebad Cuxhaven besuchte, machte ebenfalls ein einfaches Fischermädchen den größten Eindruck auf den jungen Poeten. Es war ja nicht das erste Mal, daß sich sein leicht entzündbares Herz zu echten Kindern des Volkes mit magischer Macht hingezogen fühlte, hatte er doch bereits im frühesten Jugendalter sich über alle mittelalterlichen und altjungferlichen Vorurteile hinweggesetzt und sogar der „verfemten" Scharfrichterstochter, dem „roten Sefchen", sein Herz geschenkt. In gleicher Weise fühlte sich Heine jetzt zum lieblichen Kinde der Nordsee hingezogen:[*]

> Du schönes Fischermädchen,
> Treibe den Kahn ans Land;
> Komm' zu mir und setze Dich nieder,
> Wir kosen, Hand in Hand.
>
> Leg' an mein Herz Dein Köpfchen,
> Und fürchte Dich nicht so sehr.
> Vertraust Du Dich doch sorglos
> Täglich dem wilden Meer!
>
> Mein Herz gleicht dem Meere,
> Hat Sturm und Ebb' und Flut,
> Und manche schöne Perle
> In seiner Tiefe ruht.

---

[*] Die Heimkehr, Seite 8-9.

*

Der Mond ist aufgegangen
Und überstrahlt die Well'n.
Ich halte mein Liebchen umfangen
Und unsere Herzen schwell'n.

Im Arm des holden Kindes
Ruh' ich allein am Strand,
Was horchst Du beim Rauschen des Windes?
Was zuckt Deine weiße Hand?

„Das ist kein Rauschen des Windes,
Das ist der Seejungfern Gesang,
Und meine Schwestern sind es,
Die einst das Meer verschlang".

IX. Der Nordseestern

Aber auch verheiratete Frauen streiften gelegentlich mit ihren Liebespfeilen die leicht verwundbare Seele unseres Dichters, wenn auch zuweilen nur für kurze Zeit, wie dies aus folgendem Briefwechsel mit einem unbekannt gebliebenen Freunde im Sommer 1826, datiert aus Norderney den 4. August, hervorgeht:

Lieber Freund![*]

„Ich kann die Post nicht von hier abgehen lassen, ohne einige liebe Grüße an Dich mitzuschicken. Das Bad bekommt mir sehr gut und das ist die Hauptsache, die ich Dir mitzuteilen habe. Ich lebe hier nicht so vergnügt wie voriges Jahr, und daran hat gewiß meine Stimmung mehr Schuld als die Menschen hier. Ich bin gegen diese oft sehr ungerecht! So will es mich bisweilen bedünken, als sei die schöne Frau aus Celle nicht mehr so schön wie 1825. Auch das Meer erscheint mir nicht so romantisch wie sonst. — Und dennoch hab' ich an seinem Strand das süßeste, mystisch lieblichste Ereignis erlebt, das jemals einen Poeten begeistern konnte. Wir sprachen kein Wort. — Es war nur ein langer tiefer Blick, der Mond machte die Musik dazu. — Im Vorbeigehen faßte ich ihre Hand und ich fühlte den geheimen Druck derselben — meine Seele zitterte und glühte. — Ich hab' nach-

---

[*] Heines Werke, Brief Nr. 56 an X. X., pag. 285.

her geweint. Was hilft's! Wenn ich auch kühn genug bin, das Glück rasch zu erfassen, so kann ich's doch nicht lange festhalten. Ich fürchte, es könnte plötzlich Tag werden — nur das Dunkel gibt mir Mut. — Ein schönes Auge, es wird noch lange in meiner Brust leben und dann verbleichen und in Nichts zerrinnen — wie ich selbst. Der Mond ist ans Schweigen gewöhnt, das Meer klappert zwar beständig, aber man kann seine Worte selten verstehen, und Du, der Dritte, der jetzt das Geheimnis weiß, wirst Deinen Mund halten, und so bleibt es verborgen in der eigenen Nacht.

„Das Leben hier ist ziemlich lebhaft. Der hannover'sche Adel spielt hier die Hauptrolle. Eine Menge fürstlicher Personen. Die Fürstin Solms[*] ist ebenfalls wieder hergekommen; wir verkehren nicht mehr so viel wie voriges Jahr, sie scheint mir nicht mehr so innig gewogen zu sein und wenn wir uns begegnen, droht oder warnt sie immer mit dem aufgehobenen Zeigefinger und will nicht sagen, was das eigentlich bedeuten soll. — An der schönen Cellenserin bewundere ich jetzt nur noch die Stimme. Ich sauge ein ihre Worte. Ich glaube gewiß nicht, daß sie mir gewogen ist, obgleich sie letzthin sagte: „Sie kennen mich in und aus dem Sack." Leb' wohl, so wohl man es in dieser Welt vermag."

Aber schon nach einigen Tagen war die Illusion des Dichters erloschen, denn er schreibt seinem

---

[*] Fürstin Friederike von Solms, die Schwester der Königin Louise von Preußen, spätere Königin von Hannover.

Freunde folgendes:

„Norderney, vielleicht den 16. August 1826.
    Lieber Freund!
„Eben bringt mir die Post Deinen Brief vom 11. August und da ein junger Freund im Begriff ist, mit günstigem Winde nach Bremen zu schiffen, so kann ich Deine lieben Zeilen mit einigen Grüßen erwidern.

 „Das lichte Ereignis am Strande ist nicht so bedeutend, wie Du glaubst und wie meine leicht erregbare Sentimentalität es anschlug; es war ein Stern, der durch die Nacht herabschoß, in grausamer Schnelligkeit und keine Spur zurückläßt — denn ich bin trist und niedergedrückt, wie je zuvor. Aber es war doch ein Stern!"

X. Agnes, eine unbekannte Liebe

Heller wird es schon im Osten[*]
Durch der Sonne kleines Glimmen,
Weit und breit die Bergeszipfel
In dem Nebelmeere schwimmen.

Hätt' ich Siebenmeilenstiefel,
Lief' ich mit der Hast des Windes
Über jene Bergesgipfel
Nach dem Haus des lieben Kindes.

Von dem Bettchen, wo sie schlummert,
Zug' ich leise die Gardinen,
Leise küßt' ich ihre Stirne,
Leise ihres Mund's Rubinen.

Und noch leiser wollt' ich flüstern
In die kleinen Lilienohren:
Denk' im Traum, daß wir uns lieben
Und daß wir uns nie verloren.

Wer diese angebetete Geliebte des Dichters gewesen sein mag, ist wohl schwerlich je festzustellen. Sie scheint aber im Herzen Heines keinen geringen Platz eingenommen zu haben. Höchst wahrscheinlich ist sie auch eine Bekanntschaft von Norderney, denn die herrlichsten Perlen „der Nordseebilder" sind ihr gewidmet.

---

[*] Harzreise. Auf dem Brocken.

Herangedämmert kam der Abend,[*]
Wilder toste die Flut
Und ich saß am Strand, und schaute zu
Dem weißen Tanz der Wellen,
Und meine Brust schwoll auf wie das Meer,
Und sehnend ergriff mich tiefes Heimweh
Nach Dir, Du holdes Bild,
Das überall mich umschwebt,
Und überall mich ruft,
Überall, überall,
Im Sausen des Windes, im Brausen des Meers,
Und im Seufzen der eigenen Brust.

Mit leichtem Rohr schrieb ich in den Sand:
„Agnes, ich liebe Dich!"
Doch böse Wellen erbosten sich
Über das süße Bekenntnis
Und löschten es aus.

Zerbrechliches Rohr, zerstiebender Sand,
Zerfließende Wellen, euch trau' ich nicht mehr!
Der Himmel wird dunkler, mein Herz wird wilder,
Reiß' ich die höchste Tanne
Und tauche sie ein
In des Aetnas glühenden Schlund, und mit solcher
Feuergetränkten Riesenfeder
Schreib' ich an die dunkle Himmelsdecke:
„Agnes, ich liebe Dich"!

Jedwede Nacht lodert alsdann
Dort oben die ewige Flammenschrift,
Und alle nachwachsenden Enkelgeschlechter
Lesen jauchzend die Himmelsworte:
„Agnes, ich liebe Dich!"

---

[*] Nordseebilder, 6. Erklärung.

"Agnes" scheint auch eine verheiratete Frau gewesen zu sein:

> Fern an schottischer Felsenküste,[*]
> Wo das graue Schlößlein hinausragt
> Über die brandende See,
> Dort am hochgewölbten Fenster
> Steht eine schöne, kranke Frau,
> Zartdurchsichtig und marmorblaß,
> Und sie spielt die Harfe und singt,
> Und der Wind durchwühlt ihre langen Locken
> Und trägt ihr dunkles Lied
> Über das weite, stürmende Meer.

Doch auch diese heiße Leidenschaft Heines scheint keine dauernd glückliche gewesen zu sein.

> Hoffnung und Liebe! Alles zertrümmert![**]
> Und ich selber gleich' einer Leiche,
> Die grollend ausgeworfen das Meer,
> Lieg' ich am Strande,
> Am öden, kahlen Strande;
> Vor mir woget die Wasserwüste,
> Hinter mir liegt nur Kummer und Elend,
> Und über mich hin ziehen die Wolken,
> Die formlos grauen Töchter der Luft,
> Die aus dem Meer, in Nebeleimern,
> Das Wasser schöpfen,
> Und es mühsam schleppen und schleppen
> Und es wieder verschütten ins Meer,
> Ein trübes, langweil'ges Geschäft,
> Und nutzlos wie mein eigenes Leben.

---

[*] Nordseebilder, I. Zyklus, Nr. 8: „Der Sturm", letzter Vers.
[**] Nordseebilder, II. Zyklus, Nr. 3: „Der Schiffbrüchige."

Die Wogen murmeln, die Möwen schrillen,
Alte Erinnerungen wehen mich an,
Vergessene Träume, erloschene Bilder,
Qualvoll süße, tauchen hervor.

Es lebt ein Weib im Norden,
Ein schönes Weib, königlich schön,
Die schlanke Zypressengestalt
Umschließt ein lüstern, weißes Gewand;
Die dunkle Lockenfülle,
Wie eine selige Nacht.

Von dem flechtengekrönten Haupt sich ergießend,
Ringelt sich träumerisch süß
Um das süße, blasse Antlitz.
Und aus dem süßen blassen Antlitz,
Groß und gewaltig, strahlt ein Auge,
Wie eine schwarze Sonne.

*

Schweigt, ihr Wogen und Möwen!
Vorüber ist alles, Glück und Hoffnung,
Hoffnung und Liebe! Ich liege am Boden,
Ein öder, schiffbrüchiger Mann,
Und drücke mein glühendes Antlitz
In den feuchten Sand.

An Gegenliebe freilich scheint es dem Dichter diesmal nicht gemangelt zu haben; wie aus dem Gedichte „Der Phönix" hervorgeht:

> „Sie liebt ihn, sie liebt ihn!
> Sie trägt sein Bildnis im kleinen Herzen
> Und er trägt es süß und heimlich verborgen,
> Und weiß es selber nicht!
> Aber im Traume steht er vor ihr,
> Sie bittet und weint und küßt seine Hände,

> Und ruft seinen Namen
> Und rufend erwacht sie und liegt erschrocken,
> Und reibt sich verwundert die schönen Augen —
> Sie liebt ihn, sie liebt ihn!"

Die realen Lebensverhältnisse rissen jedoch bald die Liebenden wieder jäh auseinander, Heine kann die Geliebte jedoch nicht vergessen, stets wird er vom „süßen blassen Antlitz" derselben verfolgt und erblickt es sogar im Römerglase sich widerspiegelnd im Ratskeller zu Bremen:

> „Glücklich der Mann, der den Hafen erreicht hat,
> Und hinter sich ließ das Meer und die Stürme,
> Und jetzt warm und ruhig sitzt
> Im guten Ratskeller zu Bremen,
> Wie doch die Welt so traulich und lieblich
> Im Römerglas sich widerspiegelt,
> Und wie der wogende Mikrokosmos
> Sonnig hinabfließt ins durstige Herz!
> Alles erblick' ich im Glas,
> Alte und neue Völkergeschichte,
> Türken und Griechen, Hegel und Gans,
> Zitronenwälder und Wachtparaden,
> Berlin und Schilda und Tunis und Hamburg,
> Vor allem aber das Bild der Geliebten,
> Das Engelköpfchen auf Rheinweingoldgrund.
> O, wie schön! wie schön bist du, Geliebte!
> Du bist wie eine Rose!
> Nicht wie die Rose von Schiras,
> Die Hafis-besungene Nachtigallbraut!
> Nicht wie die Rose von Saron,
> Die heiligrote, prophetengefeierte; —
> Du bist wie die Ros' im Ratskeller zu Bremen!
> Das ist die Rose der Rosen,
> Je älter sie wird, je lieblicher blüht sie."

XI. Pariser Frauenbilder

Nicht nur das verlorene Liebesparadies, sondern auch die unerquicklichsten politischen Verhältnisse veranlaßten Heine, sein Vaterland endlich zu verlassen. Nach dem Falle Napoleons wurde jeder freiheitliche Gedanke mit eiserner Fessel verfolgt und unterdrückt. Die sogenannte „Demagogenriecherei" war an der Tagesordnung. Nur der Gedanke an ein einiges Vaterland wurde aufs strengste geahndet. Welch' Wunder, wenn der Dichter solche Zustände, als der größte Satiriker seit Aristophanes, Cervantes, Rabelais und Swift erbarmungslos geißelte. Bald wurde die Luft dem Jüngling zum Ersticken eng und als im Jahre 1830 die Juliussonne in Frankreich aufging, schüttete er den heimatlichen Staub von den Füßen und ging nach Paris, welche Stadt er bis an sein Lebensende nur vorübergehend verlassen sollte. Mit vollen Zügen sog er das Leben des modernen Babel ein; die unheilvollen Liebeswunden der Jugendzeit waren keineswegs vernarbt, aber er wollte sich auf jeden Fall betäuben. Natürlich war es jetzt nicht mehr die Kleine, die Feine, die Reine, die Eine, welche er liebte, sondern er flatterte gleich einem Schmetterling von Blume zu Blume — durchaus nicht immer sehr wählerisch in der Art derselben — er war ein vollendeter Roué geworden.

Davon gibt auch der unglückliche französische Dichter Gérard de Neval, bis an sein trauriges

Ende*) einer der getreusten Freunde Heines, einem deutschen Besucher (von Schmid-Weißenfels)**) gegenüber beredtes Zeugnis: „Was ich zuerst ahnte, gestand Heine mir später selbst, nachdem er mich naher kennen gelernt hatte. Wir litten beide an ein und derselben Krankheit, wir sangen beide die Hoffnungslosigkeit einer Jugendliebe tot. Wir singen noch immer und sie stirbt doch nicht: Eine hoffnungslose Jugendliebe schlummert noch immer im Herzen des Dichters; wenn er ihrer gedenkt, kann er noch weinen, oder er zerdrückt seine Träne aus Groll. Heine hat mir selbst gestanden, daß er, nachdem er das Paradies seiner Liebe verloren hatte, die letztere nur noch ein Handwerk für ihn blieb."

Davon geben auch seine damaligen Dichtungen, namentlich der Zyklus „Neuer Frühling" manche Beweise, denn Heine pflegte in dieser Hinsicht bekanntlich kein Blatt vor den Mund zu nehmen, weshalb er sehr oft von seinen vielen Gegnern getadelt worden ist. Man muß auch in Betracht ziehen, daß er bei jeder neuen Gabe möglichst neu erscheinen wollte, und ihm hierzu der kecke Vorwurf der Pariser Halbwelt, die allerdings wohl einen zu großen und verderblichen Reiz auf ihn ausüben mochte, als eine bestimmte Seite des Lebens von Neubabylon zur Charakterisierung geeignet erscheinen konnte. Auch mochte

---

*) Durch Selbstmord.
**) Über Heinrich Heine von Schmid-Weißenfels, S. 14. Berlin 1857.

er sich durch Goethes „Venezianische Epigramme" ermuntert gefühlt haben, welche den „Pariser Frauenbildern" nicht viel nachstehen. Manche derselben mögen zum Teil sehr anstößig sein, aber dem Genie ist bekanntlich manches erlaubt, was anderen Menschenkindern untersagt ist:

Hortense

I.

Ehemals glaubt' ich, alle Küsse,
Die ein Weib uns gibt und nimmt,
Seien uns durch Schicksalsschlüsse
Schon urzeitlich vorbestimmt.

Küsse nahm ich, und ich küßte
So mit Ernst in jener Zeit,
Als ob ich erfüllen müßte,
Taten der Notwendigkeit.

Jetzt weiß ich: Überflüssig
Wie so manches ist der Kuß,
Und mit leichtem Sinne küss' ich
Glaubenlos im Überfluß.

II.

Wir standen an der Straßenecke
Wohl über eine Stunde.
Wir sprachen voller Zärtlichkeit
Von unserm Seelenbunde.

Wir sagten uns viel hundertmal,
Daß wir einander lieben,
Wir standen an der Straßeneck'
Und sind dort stehn geblieben.

Die Göttin der Gelegenheit
Wie'n Zöfchen flink und heiter
Kam sie vorbei und sah uns steh'n
Und lachend ging sie weiter.

(Sie spricht:)

Steht ein Baum im schönen Garten
Und ein Apfel hängt daran
Und es ringelt sich am Aste
Eine Schlange und ich kann
Von den süßen Schlangenaugen
Nimmer wenden meinen Blick,
Und das zischelt so verheißend,
Und das lockt wie holdes Glück.

(Die andere spricht:)

Dieses ist die Frucht des Lebens,
Koste ihre Süßigkeit,
Daß Du nicht so ganz vergebens
Lebtest Deine Lebenszeit!

Schönes Kindchen, fromme Taube,
Kost' einmal und zittre nicht —
Folge meinem Rat und glaube,
Was die kluge Muhme spricht.

*

Nicht lange täuschte mich das Glück,
Das Du mir zugelogen,
Dein Bild ist wie ein falscher Traum
Mir durch das Herz gezogen.

Der Morgen kam, die Sonne schien,
Der Nebel ist zerronnen!
Geendigt hatten wir schon längst,
Eh' wir noch kaum begonnen.

Diane

I.

Diese schönen Gliedermassen
Kolossaler Weiblichkeit
Sind jetzt ohne Widerstreit
Meinen Wünschen überlassen.

Wär' ich leidenschaftentzügelt,
Eigenkräftig ihr genaht,
Ich bereute solche Tat,
Ja, sie hätte mich geprügelt.

Welcher Busen, Hals und Kehle!
(Höher sah ich nicht genau.)
Oh' ich ihr mich angetrau',
Gott empfehl' ich meine Seele.

*

Am Golfe von Biskaya
Hat sie den Tag erblickt,
Sie hat schon in der Wiege
Zwei junge Katzen erdrückt.
Sie lief in bloßen Füßen
Wohl über die Pyrenäen,
Darauf ließ sie als junge Riesin
In Perpignan sich seh'n.
Jetzt ist sie die größte Dame
Im Faubourg Saint-Denis;
Sie kostet dem kleinen Sir William
Schon 13,000 Louis.

Nicht der Geist eines klassischen Dichters, der eines Pariser Roué scheint aus einzelnen dieser „Dichtungen" zu sprechen. Sein gehässigster Gegner hätte sein Privatleben nicht schonungsloser enthüllen können, als es hier in frivolem, aber auch sehr übertriebenem Übermut von ihm selbst geschah. Doch beruhen wohl manche dieser Lutetia-Poesien nur auf freier Dichterphantasie Heines, denn derselbe pflegte sich ja oft gar zu gern schlechter zu machen, als er wirklich war; gleichsam einen Schleier über seinen inneren Seelenzustand ziehend, suchte er denselben dadurch auf jeden Fall den Blicken der Menge zu entziehen.

XII. Prinzessin von Belgiojoso und Gräfin Kalergis

Es waren jedoch nicht nur Fixsterne niederer Gattung, sondern auch andere Sterne voll weiblicher Grazie und leuchtenden Geistes, welche dem Dichter am Pariser Himmel erstrahlten. Vor allen anderen erglänzte die majestätische Venus in der Gestalt der feurigen und patriotischen Prinzessin von Belgiojoso. Als Tochter des Marchese Trivulzio, wurde dieselbe im Kloster erzogen und in frühesten Jahren mit dem Fürsten Emilio von Belgiojoso vermählt. Diese Ehe war jedoch eine höchst unglückliche und die Ehegatten lebten getrennt von einander. Sie suchte und fand Trost und Zerstreuungen in der Politik und wurde eifrige Beschützerin der Carbonari. Als der italienische Aufstand von 1830 mißglückt war, ging sie nach Paris, von wo aus sie stets für die italienische Einheitsbewegung mit der Feder tätig war. Im Jahre 1848 errichtete sie auf eigene Kosten ein Freicorps und landete mit demselben in Livorno, um es dem piemontesischen Heer unter dem König Karlo Alberto zuzuführen Jedoch die baldige Einnahme von Mailand durch die Österreicher hatten sowohl ihre Verbannung, als auch die Konfiskation ihrer Güter zur Folge. Jetzt suchte sie in Paris, Turin und Rom für die vaterländische Sache zu wirken. Nach der Einnahme der ewigen Stadt durch die Franzosen unternahm die Fürstin eine zweijährige

Orientreise. Später durchreiste sie im Einverständnis mit der Regierung des Königs Vittorio Emanuele ganz Italien, in allen Städten für die Vereinigung des Vaterlandes unter der edlen, tapfern Dynastie des Hauses Savoyen wirkend, bis endlich diese patriotischen Wünsche in Erfüllung gehen sollten.

In Paris war die Fürstin mit dem ebenfalls „verbannten" deutschen Dichter zusammengetroffen und es hatten sich diese verwandten Seelen sofort verstanden. Heine war oft auf längere Wochen Gast auf dem bei Paris gelegenen Schlosse der Fürstin, von deren Reizen ein Zeitgenosse sagte:

«*Elle avait une beauté si excentrique, si fanstastique même, que nul visiteur, n'a pu resister à son inévitable fascination et s'empêcher de devenir un admirateur — et souvent un adorateur.*»

So ging es auch Heine. In einem Briefe an Heinrich Laube bekannte er freilich, daß er sich auf dem Schlosse des schönsten und edelsten und geistreichsten Weibes befunden habe, aber nicht verliebt in sie sei —— Hinzufügend, daß er verdammt sei, nur das Niedrigste und Törichtste zu lieben.

Man darf nicht vergessen, daß er damals eben anfing, in den Liebesnetzen Mathildens zu zappeln und für nichts anderes Sinn hatte. — Wahrscheinlich entsprang dieses Geständnis auch nur einer der häufigen Augenblickslaunen des Dichters und wären demnach freilich seine Gefühle für die schöne Fürstin in der Tat mehr freundschaftliche gewesen, oder um mich einer geläufigen Ausdrucksweise zu bedienen, welche freilich nicht ganz genau den richtigen Sinn wiedergeben mag — „eine platonische Liebe".

Zu einem entgegengesetzten Ergebnis kommt zwar neuerdings der Heineforscher Louis P. Betz (Privatdozent in Zürich), welcher das Leben des Dichters in Frankreich einem gründlichen Studium unterzogen hat und in einer höchst geistreichen und pikanten Abhandlung „H. Heine und Alfred de Musset"[*)] u. a. folgendes über diese interessante Liaison des Dichters zu erzählen weiß.

„Und „angebetet" wurde die italienische Schönheit auch von unsern beiden Dichtern (Heine und Musset) — so lange, bis beide einsahen, daß ihre Herzenswünsche auf keine Erhörung zu hoffen hatten. Dem eleganten Historiker Mignet gelang es, die beiden Troubadoure im Liebesturnier um das Herz dieser gefeierten Dame zu schlagen. Vergebens hatte Heine in den feurigsten Liebesbriefen seine Geistesfunken sprühen lassen, und die schöne, edle, leidende Fürstin, die ihr leibliches und ihr geistiges Vaterland, Italien, und den Himmel so schön präsentierte, in entzückten Worten verewigt und von ihrer idealen Gestalt geschwärmt, welche dennoch nur das Gefängnis ist, worin die heiligste Engelseele eingekerkert worden."

[*)] Eine biographisch-literarische Parallele. Zürich, Albert Müller's Verlag.

„"„Aber dieser Kerker ist so schön,"" — fügte er hinzu — „"„daß jeder wie verzaubert davor stehen bleibt und ihn anstaunt. ""

„Als die Liebesseufzer nicht zum ersehnten Ziele führten, wollte er an der schlagfertigen modernen *Ninon de l'Enclos* seinen scharfen Witz versuchen. Aber auch hier blieb der Erfolg aus — und so entschädigte er sich denn, indem er seinen Spott an den Leidensgefährten, den übrigen Anbetern, besonders an Bellini und Victor Cousin ausließ. Musset, dem die Kälte der Fürstin sehr zu Herzen ging, rächte sich mit dem berühmten Gedicht: „*Sur une morte*", das mit den Versen schließt:

> *Elle est morte, et n'a pas vécu,*
> *Elle faisait semblant de vivre.*
> *De ses mains est tombé le livre*
> *Dans lequel elle n'a rien lu.*

„Dem deutschen Poeten blieb die Fürstin in treuer Freundschaft zugetan, auch als sie ihr abenteuerliches Leben weit von Paris wegführte. In ihrem „*Souvenir dans l'Exil*", gedenkt sie seiner in rührendster Weise.

„Eine große Freude bedeutet für den schwerkranken Dichter die Mitte der fünfziger Jahre erfolgte Rückkehr der Prinzessin aus dem Orient. Er bestürmte sie mit Fragen über das heilige Land; war es doch in jener Zeit, da Heine mehr denn je für die erhabenen Schönheiten der Bibel schwärmte. — Die katholische Gläubige die hierin eine religiöse Anwandlung des Todeskandidaten sah, hatte nichts Eiligeres zu tun, als ihm den Mode-Abbé Caron zu senden, der das Glaubensflackern zum hellen Glaubensfeuer anschüren sollte. Heine hatte sich den Besuch des Priesters wiederholt gefallen lassen, — bis er herausfand, daß ihm eigentlich seine Pflaster größere Erleichterung schafften als die Trostworte des Abbé!"

Die Fürstin Belgiojoso, welche ihren Lebensabend in vollständiger Zurückgezogenheit verlebte, starb in ihrem Schlosse zu Mailand am 5. Juli 1871.

Die zu derselben Zeit in Paris lebende Gräfin Marie Kalergis, eine etwas exzentrische Natur, für „freie Liebe" und „befreites Polen" schwärmend, eine blendende Schönheit, von welcher der bekannte Operettenvers aus dem „Bettelstudent": „Die Polin hat von allen Reizen die exquisitesten vereint", nicht zu viel behaupten würde, war ebenfalls eine große Verehrerin der Heineschen Lyrik und später häufigere Besucherin Heines. Trotzdem der Dichter damals schon ans Krankenlager gefesselt war, setzte sie alle Hebel in Bewegung, um Zutritt zu demselben zu erlangen. — Heine, sein gelähmtes Augenlid nur mit Mühe emporhebend, war von der Schönheit und dem Geiste dieser „Kathedrale der Liebe" wie vom Blitze getroffen, und griff sofort nach dem Bleistift, um die Reize derselben in einem Poem mit exotischen Farben zu malen. Hier nur einige der markantesten Verse desselben:

„Das ist Gott Amors kolossale[*]
Domkirche, der Liebe Kathedrale;
Als Lampe brennt im Tabernakel
Ein Herz, das ohne Falsch und Makel.

Die Dichter jagen vergebens nach Bildern,
Um ihre weiße Haut zu schildern;
Selbst Gautier ist dessen nicht kapabel, —
O diese Weiße ist implacabel!" — —

---

[*] „Der weiße Elephant".

XIII. Madame Henri Heine

> O, Modewut! Ist man ein Dichter,
> Quält uns die eig'ne Frau zuletzt.
> Bis man wie andere Sangeslichter
> Ihr einen Reim ins Album setzt.

Ein am 11. April 1835 an August Lewald gerichteter Brief bringt uns die erste Kunde von einer neuen heftigen, für das fernere Leben Heines verhängnisvoll werdenden tiefen Leidenschaft, welche den das tändelnde Leben eines Pariser Lebemanns führenden Dichter erfaßt hatte. — Er lernte seine zukünftige Frau kennen.[*]

„Seit Oktober — schreibt der Dichter — hat nichts für mich die geringste Wichtigkeit, was nicht unmittelbare Beziehung zu dieser Angelegenheit hat. Die rosigen Wogen umkreisen mich noch immer so gewaltig, mein Hirn ist noch immer so sehr von wütendem Blumenduft betäubt, daß ich nicht im Stande bin, mich vernünftig mit Ihnen zu unterhalten. Haben Sie das Hohelied des Königs Salomo gelesen? Nun, so lesen Sie es nochmals. Sie finden darin Alles, was ich Ihnen heute sagen könnte."

Und drei Monate später:

„Jetzt dank meiner unverwüstlichen Gemütskraft ist die Seele wieder beschwichtigt, die aufgeregten Sinne sind wieder gezäunt und ich lebe heiter und gelassen auf dem Schlosse einer schö-

---

[*] Briefe. Nr. 103. pag. 26.

nen Frau*) in, der Nähe von St. Germain im lieblichen Kreise vornehmer Personen und vornehmer Persönlichkeiten. Ich glaube, mein Geist ist von allen Schlacken jetzt endlich gelöst, meine Verse werden schöner werden, meine Bücher harmonischer. Vor allem Unklaren und Unedlen, vor Allem was gemein und muffig ist, habe ich in diesem Augenblick den wahren Abscheu!"

Doch nur für den Augenblick! ... Denn gar zu bald wurde er wieder die Beute seiner Leidenschaft, er bekannte in einem Briefe an Heinrich Laube: „Ich bin verdammt, nur das Niedrigste und Törichtste zu lieben, begreifen Sie, wie das einen Menschen quälen muß, der stolz und sehr geistreich ist."

Heines Verhältnis zu Mathilde Mirat, denn darauf bezieht sich diese Jeremiade des Dichters, ähnelt in mancherlei Beziehung demjenigen Goethes zu Christiane Vulpius, der späteren „Frau Geheimrat".

Sowohl Heines wie Goethes Gattin waren den unteren Ständen entsprossen, beiden mangelte fast jede Bildung. Beide Dichter setzten sich über die bürgerlichen Anschauungen ihrer Zeit hinweg, indem sie jahrelang mit den Auserkorenen ihres Herzens zusammenlebten, ohne den Segen des Priesters, ja erst eine äußere Veranlassung war der Grund, wenn beide diese Förmlichkeit erst viele Jahre später nachholten. Bekanntlich zählte der

---

*) Prinzessin Belgiojoso.

Sohn des großen Wolfgang bereits vierzehn Jahre bei der Trauung mit Christiane. Ein Zufall führte Goethe seine Christiane zu:[*]

> Ich ging im Walde
> So für mich hin,
> Und nichts zu suchen,
> Das war mein Sinn.
>
> Im Schatten sah' ich
> Ein Blümchen stehn,
> Wie Sterne leuchtend,
> Wie Äuglein schön.
>
> Ich wollt' es brechen,
> Da sagt' es fein:
> Soll ich zum Welken
> Gebrochen sein?
>
> Ich grub's mit allen
> Den Würzlein aus,
> Zum Garten trug ich's
> Am hübschen Haus.
>
> Und pflanzt' es wieder
> Am stillen Ort.
> Nun zweigt es immer
> Und blüht so fort.

Heine erblickte seine Mathilde durch einen ähnlichen Zufall und zwar in dem Laden ihrer Tante, welche denselben in der Nähe des Justizpalastes in einer Passage unterhielt.

Mathilde Mirat wurde 1815 im Dorfe Vinot im

---

[*] Goethes Gedichte: „Gefunden".

Gebiete der Seine und Marne als die natürliche Tochter eines schönen, reichen, der guten Gesellschaft angehörigen Mannes geboren, der seine natürlichen Gefühle aber so weit verleugnete, daß er seine Tochter in ärmlichen Verhältnissen unter Bauern aufwachsen ließ. Mit ihrer Mutter, welche einen gewissen Dubru geheiratet hatte, vertrug sie sich nicht gut und ging deshalb im Alter von sechzehn Jahren zu ihrer Tante nach Paris, bei welcher sie der Dichter kennen lernte.

Mathilde hatte nichts von der Koketterie und den Verführungskünsten der Hauptstadt und, obschon sie sich gerne putzte, hat sie doch während ihres ganzen Lebens die künstlichen Schönheitsmittel, Puder und Schminke, verschmäht. Ihr Zauber lag allein in ihrer Schönheit, Tugend, Unschuld und in einem leidenschaftlich lebhaften Temperament. Sie war ganz Kind der Natur — ohne alle Bildung. Ihre Gestalt von plastischer Schönheit war wie in Marmor gemeißelt. Was an ihren großen Augen besonders anzog, war der verhüllte, lächelnde Blick, der wie der Mond durch einen Wolkenschleier zwischen den Augenwimpern hervorleuchtete. Ihr Haar von kastanienbrauner Farbe hob die blendende Weiße ihres Teints vorteilhaft empor. Beim Lächeln hatte sie ein allerliebstes Grübchen, doch lag ihr größter Reiz für Heine im Munde und in der Stimme.

Der Dichter bot Mathilden Wohlsein Herz, aber nicht seine Hand an, da er das ungebundene Pariser Junggesellenleben noch nicht aufgeben wollte, und so mochte es kommen, daß auch andere Verehrer an diese frische Schönheit herantraten, welches Heine sehr eifersüchtig machte, und es kam daher schon im Anfange ihres Liebesverhältnisses zu einem kurzen Bruche. Mathilde liebte nämlich den Tanz leidenschaftlich, während Heine überhaupt nicht imstande war, zu walzen. Durch die Vermittlung der Tante Mathildens, Madame Maurel, kam jedoch bald wieder eine Versöhnung zustande, welche den Dichter jetzt zeitlebens mit Mathilden zusammenführte. Die „Hochzeit" wurde im Kreise einiger Freunde in einem Restaurant gefeiert, worauf der glückliche Dichter sein zur freien Liebe erworbenes Bräutchen in seine bescheidene Poetenwohnung führte, welche er im nächsten Jahre mit einer prächtigeren in der *Cité bergère No. 3* vertauschte.

Am andern Morgen — es ist Mathilde, welche dies durch den Freund des Heineschen Hauses, Alexander Weill, erzählt — sei sie in ihrem reizenden Négligé — und nichts kleidete das schöne Geschöpf verführerischer — vor den glücklichen Sieger getreten und habe gesagt: „Ich habe Dir Alles gegeben, was ein ehrbares Mädchen dem Manne geben kann, den sie liebt, und was dieser ihr nie zu ersetzen vermag; wenn Du glaubst, ich wisse nicht, daß Du mich von meiner Tante erkauft hast, so bist Du im Irrtum, ich habe mich nicht verkauft. Wisse darum, daß ich Dich nie verlassen werde, ob Du mich liebst oder nicht, ob Du mich mißhandelst oder nicht, ob Du mich heiratest oder nicht. Ich verlasse Dich nie, hörst Du — nie! nie! nie!"

Heine war freilich damals noch ein sehr schöner Mann von fünfunddreißig Jahren. Seine langen, tiefblonden langgeschnittenen Haare ließen ihn noch jünger erscheinen, als er war. Eher klein als groß, von jugendlichem Ansehen und nachlässig vornehmen Manieren. Die griechische Nase mit den offenen beweglichen Nasenlöchern verriet keineswegs jüdischen Ursprung; ebensowenig der feingeschnittene Mund, den oft ein sardonisches Lächeln umspielte, welches jedoch rasch wieder einen gutmütigen Ausdruck gewann. Seine kleinen, aber geistsprühenden Augen warfen durchdringende Blicke. Die nachlässige Kleidung zeigte dennoch stets Eleganz. Der etwas schleppende Gang war das einzige, was an ihm den Juden verraten konnte. In der Nähe betrachtet, hatte sein blasses, glattes Gesicht einen engelhaften Ausdruck, welcher jedoch beim Sprechen sehr ins Dämonische überging. Trotz aller heftigen Angriffe, meistens von deutscher Seite, fühlte sich Heine auf der Höhe seines Rufes, beruft er sich doch bei seinem Verleger Campe darauf, daß sein Name jetzt europäisch geworden. Er stand mit der Pariser schöngeistigen und diplomatischen Gesellschaft, auch mit der *haute finance*, namentlich Baron Rothschild, auf freundschaftlichem Fuße, und verkehrte mit den meisten hervorragenden Künstlern und Schriftstellern seiner Zeit, besonders mit Balzac, Béranger, Dumas, George Sand, mit welcher ihn ein jahrelanges liebevolles Freundschaftsband verbunden hatte, Mignet und Buloz, mit Rossini, dem göttlichen Schwan von

Pesaro, Meyerbeer, Liszt und Chopin, ja selbst mit dem schlauen Minister des „Bürgerkönigs" Louis Philippe, dem kleinen Adolf Thiers.

Es läßt sich daher begreifen, daß der Dichter in solcher gesellschaftlichen Stellung durch die ihm gemachte Eröffnung Mathildens einigermaßen unangenehm überrascht wurde; er suchte jedoch seine Verlegenheit, wie er es gewöhnlich zu tun pflegte, hinter einem Lächeln zu verbergen, indem er erwiderte:

„Ei, ich will Dich ja gar nicht verlassen, ich selbst will Dich nur lieben und lieben."

Mathilde blieb aber ernst und erklärte noch einmal nicht ohne Feierlichkeit:

„Ob Du mich liebst oder nicht, so werde ich doch nicht aufhören, Dein Weib zu sein, und Dich zu begleiten, wohin Du gehst."

Es ist wohl als selbstverständlich anzusehen, daß der Dichter durch diese rührenden Erklärungen seines jungen Weibes aufs tiefste erschüttert wurde; er mußte einsehen, daß ihre Leidenschaft für ihn eine tiefe und aufrichtige war und daß trotz der mangelnden Bildung Mathildens etwas in ihr lebte, was die größte Achtung verdiente, nämlich das sich aus selbstloser Liebe aufopfernde Weib. Mit größtem Unrecht ist derselben vorgeworfen worden, daß sie den Dichter nur als eine Versorgungsanstalt betrachtet und seine Einkünfte zur Befriedigung ihrer ungezügelten Putz- und Vergnügungssucht verschwendet habe. Diese Laster waren freilich bei Mathilden in großem Maßstabe vorhanden, doch noch viel größer die Liebe für ihren vergötterten „Henri". Als einmal in einer Gesellschaft die Rede auf das Verhältnis Heines kam, tat er den bemerkenswerten Ausspruch, daß er unter dem Namen „Weib" etwas Edleres verstehe, als eine durch Mäkler und Pfaffen angekuppelte Ehefrau. Obschon Mathilde eine bigotte Katholikin war, hatte sie sich doch über die Weihe der Kirche ebenso hinweggesetzt, als über manche spitzen Bemerkungen der höheren sogenannten guten Gesellschaft, die sie ihre Nichtachtung öfters empfinden ließ; aber sie besaß jene natürliche Selbstachtung, welche ihr gar nicht erlaubt, ihr Verhältnis zu Heine anders als ein geheiligtes und ewiges anzusehen. Ihr war es genug, sich im Innern als das rechtmäßige, ehrbare Weib des Geliebten zu fühlen, seinen Freunden gegenüber als seine Gattin zu gelten, an seinem Arme im Bois de Bologne zu promenieren, sich im Theater und in Konzerten öffentlich an seiner Seite zu zeigen. — Heute nennt man bekanntlich ein solches Verhältnis, wenn es ordnungsgemäß durch einen Beamten registriert worden ist, eine „Zivilehe"!

Mathilde, welche Heines Dichterruhm auch viel später niemals ordentlich geahnt hat, war doch stets auf seinen Besitz eifersüchtig, und zwar in leidenschaftlichster Weise, doch sah sie seiner bekannten Flatterhaftigkeit manches nach, sobald es ihr nicht gefährlich erscheinen mochte.

Zuvörderst war Heine darauf bedacht, seiner Mathilde, welcher jede Bildung bis dahin mangelte, diejenigen Kenntnisse anzueignen, welche für sie unentbehrlich waren. Er gab sie daher im Jahre 1839 in eine Pension, und besuchte sie nur sonntäglich.

Eines Sonntags hatten die jungen Pensionärinnen einen kleinen Ball arrangiert und Heine wollte seine „kleine Frau", wie er sie nannte, gern einmal tanzen sehen. Er nahm einige seiner vertrautesten Freunde mit. Mathilde hatte die größte Figur von allen, tanzte aber zum größten Entzücken so chic und graziös wie der kleinste Backfisch. — Überhaupt verfolgte er jedes Fortschreiten ihres Wissens mit größtem Interesse, besonders in Geographie und Geschichte gab sie ihm manchen Stoff zu lustigen Betrachtungen. Daß sie zum Beispiel die Reihe der ägyptischen Könige jetzt besser auswendig wußte, als er selbst, fand er reizend über alle Maßen. Sie wollte auch gar zu gern Deutsch lernen und ein in Paris lebender deutscher politischer Flüchtling hatte ihr die Kenntnis der deutschen Grammatik zu exemplifizieren. Es zeigte sich aber gar bald, daß sie zur Erlernung der Sprache Schillers und Goethes völlig unfähig sei. Nach einem halbjährigen Studium hatte sie es kaum dahin gebracht, einen deutschen Satz gebrochen auszusprechen. „Nehmen Sie Platz", war das Einzige, womit sie den Besuchern ihres berühmten Gemahls ein Fauteuil anzuweisen pflegte, worauf sie ob der großen Anstrengung und Schwierigkeit der Sache in ein herzliches Lachen ausbrach. Auch störte Heine in der ersten Zeit ihrer Ehe oft das unruhige und zu lebhafte französische Temperament seiner kleinen Frau. In einem Briefe an Lewald schrieb er:

„Wir leben eingezogen und so halb und halb glücklich; diese Verbindung wird aber ein trübes Ende nehmen, es ist deshalb heilsam, dergleichen vorher zu wissen, um nicht vom dunklen Augenblick bezwungen zu werden."

Doch mit der Zeit wurden solche Störungen immer seltener; Heine lernte sich in das Naturell Mathildens mehr und mehr einleben und was ihn anfangs verstimmt hatte, diente ihm später nur noch zur Belustigung.

„Meine Frau," schrieb er einmal im Jahre 1843 seinem Bruder Maximilian, „ist ein gutes, natürliches, heiteres Kind, launisch wie nur irgendeine Französin sein kann, und sie erlaubt mir nicht, in melancholischen Träumen, wozu ich soviel Anlage habe, zu versinken. Seit acht Jahren liebe ich sie mit einer Zärtlichkeit und Leidenschaft, die ans Fabelhafte grenzt. Ich habe seitdem schrecklich viel Glück genossen, Qual und Seligkeit in entsetzlichster Mischung, mehr als meine sensible Natur ertragen konnte."

Dies Bekenntnis ist wohl ein vernichtender Schlag ins Gesicht derer, welche nicht aufhören, der Welt glauben zu machen, der Dichter habe in tief unglücklicher qualvoller Ehe seine Tage zugebracht. Sollten ferner seine herrlichsten Gedichte an Mathilde eitel Heuchelei gewesen sein! Mitnichten! Die herrlichsten Blüten seiner Muse, welche er an sein Weib noch auf dem langen achtjährigen Schmerzenslager der Matratzengruft, oft mit dem Tode ringend, lichtete, sollten eine elende Lüge gewesen sein? Zumal von einem Menschen, dem nichts so sehr verhaßt war, als eben die Lüge oder die Heuchelei?

> Das ist der böse Thanatos,[*]
> Er kommt auf einem fahlen Roß
> Ich hör' den Hufschlag, hör' den Trab,
> Der dunkle Reiter holt mich ab —
> Er reißt mich fort, Mathilden soll ich lassen,
> O, den Gedanken kann mein Herz nicht fassen!
>
> Sie war mir Weib und Kind zugleich,
> Und geh' ich in das Schattenreich,
> Wird Witwe sie und Waise sein.
> Ich lass' in dieser Welt allein
> Das Weib, das trauend meinem Mute
> Sorglos und treu an meinem Herzen ruhte.
>
> Ihr Engel in den Himmelshöh'n,
> Vernehmt mein Schluchzen und mein Fleh'n,
> Beschützt, wenn ich im öden Grab,
> Das Weib, das ich geliebet hab';
> Seid Schild und Vögte eurem Ebenbilde
> Beschützt, beschirmt mein armes Kind Mathilde.
>
> Bei allen Tränen, die ihr je
> Geweint um unser Menschenweh,
> Beim Wort, das nur der Priester kennt
> Und niemals ohne Schauer nennt,
> Bei eurer eignen Schönheit, Huld und Milde
> Beschwör' ich euch, ihr Engel, schützt Mathilde.

---

[*] Romanzero: „An die Engel".

*

Ich seh' im Stundenglase schon[*)]
Den kargen Sand zerrinnen,
Mein Weib, Du engelssüße Person!
Mich reißt der Tod von hinnen.

Es reißt mich aus Deinem Arm, mein Weib,
Da hilft kein Widerstehen;
Er reißt die Seele aus dem Leib —
Sie will vor Angst vergehen.

Er jagt sie aus dem alten Haus,
Wo sie so gerne bliebe,
Sie zittert und flattert — wo soll ich hinaus?
Ihr ist wie dem Floh im Siebe.

Das kann ich nicht ändern, wie sehr ich mich sträub',
Wie sehr ich mich winde und wende,
Der Mann und das Weib, die Seel' und der Leib,
Sie müssen sich trennen am Ende.

Wie tief ergreifend ist nicht das Geständnis:

Ich war, o Lamm, als Hirt bestellt,[**)]
Zu hüten Dich auf dieser Welt;
Hab' Dich mit meinem Brot geätzt,
Mit Wasser aus dem Born geletzt.
Wenn kalt der Wintersturm gelärmt,
Hab' ich Dich an der Brust erwärmt,
Hier hielt ich fest Dich angeschlossen.

Wenn Regengüsse sich ergossen,
Und Wolf und Waldbach um die Wette
Geheult im dunkeln Felsenbette,

[*)] Letzte Gedichte, 21.
[**)] Letzte Gedichte, 23.

Du bangtest nicht, hast nicht gezittert,
Selbst wenn den höchsten Tann zersplittert
Der Wetterstrahl — in meinem Schoß
Du schliefest still und sorgenlos.

Mein Arm wird schwach, es schleicht herbei
Der blasse Tod! Die Schäferei,
Das Hirtenspiel, es hat ein Ende,
O, Gott, ich leg' in Deine Hände
Zurück den Stab, — Behüte Du
Mein armes Lamm, wenn ich zur Ruh'
Bestattet bin — und dulde nicht,
Daß irgendwo ein Dorn sie sticht
O schütz' ihr Fließ vor Dornenhecken
Und auch vor Sümpfen, die beflecken;
Laß überall zu ihren Füßen
Das allerliebste Futter sprießen:
Und lass' sie schlafen sorgenlos,
Wie einst sie schlief in meinem Schoß.

Diese herrlichen Poesien sind wohl ein unumstößlicher Beweis, daß Heine Mathilde wirklich geliebt und sie ihn auch glücklich gemacht hat. Im Anfange ihrer Verbindung mochte sie ihn freilich zuweilen etwas als eine Fessel gedrückt haben, und bezieht sich vielleicht der Schluß des Gedichtes „Unterwelt" auf diese erste Zeit ihrer „Ehe".

Zuweilen dünkt es mich, als trübe
Geheime Sehnsucht Deinen Blick,
Ich kenn' es wohl das Mißgeschick:
Verfehltes Leben, verfehlte Liebe!

Du nickst so traurig; wiedergeben
Kann ich Dir nicht die Jugendzeit,
Unheilbar ist Dein Herzeleid,
Verfehlte Liebe, verfehltes Leben!

Doch diese Klagen verstummen gar bald. Alle, welche das Verhältnis Heines und Mathildens näher gekannt, waren fest von ihrem Eheglücke überzeugt. Ein Hausfreund des Dichters Graf Alton Shee, der Bruder der zierlichen Freundin Heines, Madame Jaubert, schrieb nach dem Tode desselben:

„Er hat nur ein einziges Weib leidenschaftlich geliebt (Graf Shee kannte jedenfalls nicht die unglückliche Jugendliebe Heines zu Molly und Therese), eine junge Pariser Arbeiterin, er hat sie geheiratet und seine zärtlichen Neigungen auf sie beschränkt. Wer nicht Zeuge davon gewesen ist. kann sich die Innigkeit und Zärtlichkeit dieses Gemütes nicht denken."

Zuweilen wurde der Dichter sogar von einer rasenden Eifersucht ergriffen, so daß er einmal Mathilden, welche keine Kinder besaß, ihren geliebten Papagei vergiftete, um ihr freilich an demselben Tage einen andern zu kaufen; dennoch gestattete er ihr öfters mancherlei Vergnügungen, an welchen er nicht teilnehmen konnte, und schickte sie mit ihren Freundinnen in Theater, Zirkus und Konzerte. Auch störte er nie, der ja selbst durchaus der pantheistischen Weltanschauung huldigte, die frommen Andachtsübungen seiner katholischen Frau, welche in ihrem Boudoir einen kleinen, mit Blumen und Kerzen geschmückten Altar errichtet hatte; auch ließ er sie ruhig sonntags die Messe besuchen. Er liebte überhaupt im Hause die größte Einfachheit und er lebte in demselben wie ein ehrsamer „Spießbürger" — erzählt uns Heine selbst in seinen „Geständnissen". Noch oftmals gab er auch kleine lukullische Mahlzeiten im Restaurant, bei welchen namentlich der edle Wein der Champagne nicht gespart wurde. Längere Jahre bestand ein freundschaftliches Verhältnis zwischen Heine, Theophile Gautier und Alphonse Royer, welche ebenfalls in freier Ehe mit zwei der schönsten und liebenswürdigsten Frauen lebten. Man vereinigte sich im Winter im Café Montmartre, im Sommer in Montmorency. Wohl selten hatte die Natur drei schönere Geschöpfe vereinigt, als die Frauen dieser drei Dichter. Alles wetteiferte, Mathilden zu huldigen. Von vielen deutschen und französischen Dichtern und Künstlern ist sie besungen worden. Heine hatte ihr zu diesem Zweck ein Album gestiftet, welches er selbst mit folgendem Poem eröffnete:

> Hier, auf gewalkten Lumpen, soll ich [*]
> Mit einer Spule von der Gans
> Hinkritzeln ernsthaft halb, halb drollig
> Versifizierten Firlefanz.
> Ich, der gewohnt, mich auszusprechen
> Auf Deinen schönen Rosenmund
> Mit Küssen, die wie Flammen brechen
> Hervor aus tiefstem Herzensgrund!
> O, Modewut! Ist man ein Dichter,
> Quält uns die eigne Frau zuletzt,
> Bis man, wie andere Sangeslichter,
> Ihr einen Reim ins Album setzt.

---

[*] Romanzero: In Mathildens Stammbuch.

Jahre waren in diesem glücklichen Verhältnisse des Dichters verstrichen, als ein Ereignis eintrat, welches die Verbindung Heines mit Mathilden auch nachträglich legitimieren sollte. Heine hatte bekanntlich in seinem Buche „Über Ludwig Börne" dessen intime „Freundin", Madame Wohl, welche mit einem gewissen Strauß verheiratet war, aufs heftigste mit seinen satirischen Pfeilen verletzt. Es kam zum Duell und Heine wurde an der Hüfte gestreift. Vorher wollte er jedoch das Schicksal seiner Mathilde sichern.

„Heute,"[*] schreibt er am 5. September 1841 seinem Verleger Campe, „melde ich Ihnen ein Begebnis, welches ich Ihnen bereits mehrere Tage vorenthielt, nämlich meine Vermählung mit dem schönen und reinen Wesen, das seit Jahren unter dem Namen Mathilde an meiner Seite weilte, und das ich schon immer als meine Gattin geehrt und betrachtet hatte."

Die Ziviltrauung fand am 31. August 1841. die kirchliche am nächsten Tage in der Kirche von Saint Sulpice statt. Heine mochte eben den kirchlichen Sinn Mathildens nicht stören und gab ihr auch hierin nach, obschon der Dispens hierzu nur unter der Bedingung zu erlangen war, daß er sich schriftlich verpflichtete, die aus dieser Ehe entspringenden Kinder im katholischen Glauben erziehen zu lassen, was er um so leichter zugestehen konnte, als er der Kinderlosigkeit seiner Ehe ver-

---

[*] Heines Werke — Briefe.

sichert war.

Sehr interessant ist es, was Heine selbst über diesen Akt erzählt. Nachdem er auseinandergesetzt, daß sich in Deutschland um diese Zeit gerade das Gerücht verbreitet habe, daß er, der große Freigeist und Spötter, zur alleinseligmachenden Kirche übergetreten sei, ja daß man sogar Zeit und Ort, Tag und Stunde nebst Namen der Kirche angab, in welcher der Übertritt stattgefunden haben sollte, fährt er fort:

„Jene falschen Gerüchte kann ich nicht der Böswilligkeit, sondern nur dem Irrtum zuschreiben; die unschuldigsten Tatsachen hat hier gewiß nur der Zufall entstellt. Es hat nämlich ganz seine Richtigkeit mit jener Angabe von Zeit und Ort, wo ich in der Tat an dem genannten Tage in der genannten Kirche, die einst sogar eine Jesuitenkirche, gewesen, nämlich in St. Sulpice, und ich habe mich dort einem religiösen Akte unterzogen. — Aber dieser Akt war keine gehässige Abjuration, sondern eine sehr unschuldige Konjugation; ich ließ nämlich dort meine Ehe mit meiner Gattin nach der Ziviltrauung auch kirchlich einsegnen, weil meine Gattin, von erzkatholischer Familie, ohne solche Zeremonie sich nicht gottgefällig genug verheiratet geglaubt hätte. Und ich wollte um keinen Preis bei diesem teuren Wesen eine Beunruhigung oder Störnis verursachen. Es ist übrigens sehr gut, wenn die Frauen einer positiven Religion anhängen. Ob bei den Frauen evangelischer Konfession mehr Treue zu finden, lasse ich dahin gestellt sein. Jedenfalls ist der Katholizismus der Frauen für den Gemahl sehr heilsam. Wenn sie einen Fehler begangen haben behalten sie nicht lange den Kummer darüber im Herzen, und sobald sie vom Priester Absolution erhielten, sind sie wieder trällernd aufgeheitert und verderben ihrem Manne nicht die gute Laune oder Suppe durch kopfhängerisches Nachgrübeln über eine Sünde, die sie sich verpflichtet halten, bis an ihr Lebensende durch grämliche Prüderie und zänkische Übertugend abzubüßen. Auch in anderer Beziehung ist die Beichte hier so nützlich. Die Sünderin behält ihr furchtbares Geheimnis nicht lange lastend im Kopfe, und da doch die Weiber am Ende alles ausplaudern müssen, ist es besser, sie gestehen gewisse Dinge nur ihrem Beichtiger, als daß sie in Gefahr geraten, plötzlich in überwallender Zärtlichkeit oder Schwatzsucht oder Gewissensbissigkeit dem armen Gatten die fatalen Geständnisse zu machen. Der Unglauben ist in der Ehe jedenfalls gefährlich, und so freigeistig ich selbst gewesen, so durfte doch in meinem Hause nie ein frivoles Wort gesprochen werden. Wie ein ehrsamer Spießbürger lebte ich mitten in Paris. Ich bedurfte, um von einem katholischen Priester kirchlich getraut zu werden, einer besonderen Dispens des Erzbischofs, der diese aber in solchen Fällen nur unter der Bedingung erteilt, daß der Gatte sich schriftlich verpflichtet, die Kinder, die er zeugen würde, in der Religion ihrer Mutter erziehen zu lassen.

„Es wird hierüber ein Revers ausgestellt, und wie sehr auch die protestantische Welt über solchen Zwang schreit, so will mich bedünken, als sei die katholische Priesterschaft ganz in ihrem Rechte, denn wer ihre einsegnende Garantie nachsucht, muß sich auch ihren Bedingungen fügen. Ich fügte mich denselben ganz *de bonne foi*, und ich wäre gewiß meinen Verpflichtungen redlich nachgekommen. Aber, unter uns gesagt, da ich wohl wußte, daß Kinderzeugen nicht meine Spezialität ist, so konnte ich besagten Revers mit desto leichterem Gewissen unterzeichnen, und als ich die Feder aus der Hand legte, kicherten in meinem Gedächtnisse die Worte der schönen Ninon de Lenclos: „*O, le beau billet qu'a Lechastre!*"

Nach dieser Zeremonie machte er sofort sein Testament und setzte seine Frau zur Universalerbin ein.

Nach zwei Jahren, im November 1843, trieb es den Dichter wieder nach dreizehnjähriger Abwesenheit mit großer Sehnsucht nach Deutschland, nach der alten Mutter in der Dammtorstraße zu Hamburg, zur Schwester, dem lieben Lottchen. Deshalb ruft er seiner Mathilde zu: [*)]

> Ade, mein Weib, mein schönes Weib,
> Du kannst meine Qual nicht fassen,
> Ich drücke Dich so fest an mein Herz,
> Und muß Dich doch verlassen.

[*)] Deutschland, ein Wintermärchen.

> Die lechzende Qual, sie treibt mich fort
> Von meinem süßesten Glücke —
> Muß wieder atmen deutsche Luft,
> Damit ich nicht ersticke.
>
> Die Qual, die Angst, der Ungestüm,
> Das steigert sich bis zum Kampfe,
> Es zittert mein Fuß vor Ungeduld,
> Daß er deutschen Boden stampfe.
>
> Am Ende des Jahres bin ich zurück
> Aus Deutschland, und ich denke
> Auch ganz genesen, ich kaufe Dir dann
> Die schönsten Neujahrsgeschenke.

Im Herbst des folgenden Jahres machte er seine zweite Reise nach Hamburg, doch diesmal nicht ohne Mathilde. Sie wurde von der Familie des Dichters mit großer Liebenswürdigkeit und auch von seinem Oheim, dem Hamburger Krösus Salomon Heine, mit besonderer Auszeichnung behandelt. Dennoch fühlte sie sich in diesem Kreise auf längere Zeit nicht sehr behaglich, denn sie kehrte bald wieder allein nach Paris zurück, wo sie sich, wie bei dem vorjährigen Aufenthalt Heines in Hamburg, in der Pension der Madame Darte, Chaillôt Nr. 101, einquartierte. Dorthin schrieb ihr Heine am 12. August 1844:

„Meine liebe Nonotte! [*]
Ich bin seit Deiner Abreise zu Tode betrübt. Wenn

---

[*] Heine titulierte seine streng katholische Frau, welche jeder Freigeisterei abhold war, „Nonotte" mit scherzhafter Anspielung auf den gleichnamigen, durch seine Polemik wider Voltaire bekannten Jesuiten.

Du diesen Brief erhältst, wirst Du Dich hoffentlich schon von den Anstrengungen Deiner Reise erholt haben. Du hast schönes Wetter gehabt, keinen Wind und die Überfahrt muß weniger unangenehm als auf der Herreise gewesen sein. Alle Welt hier, besonders meine Mutter, ist betrübt wegen Deines Fortgangs. Schon drei Tage, daß ich Dich nicht gesehen habe. Diese Tage sind wie ein Schatten entschwunden. Ich weiß nicht, was ich tue und ich denke gar nichts. Schreibe mir bald und viel. Laß mich wissen, ob Du wohl und munter angekommen bist, ohne Unfall, ohne bestohlen zu sein, ob die Douane Dich nicht schikaniert hat, ob Du gut untergebracht bist, ob Du Dich wohl befindest und ich Deinetwegen ruhig sein kann. Halte Dich still in Deinem Neste bis zu meiner Rückkehr. Laß die Deutschen nicht Deinen Schlupfwinkel aufspüren, sie haben vielleicht aus dem Geschwätz einiger Blätter erfahren, daß Du ohne mich nach Frankreich zurückgekehrt bist. Wir kennen Einen von ihnen, der nicht allzu zartfühlend ist und der fähig wäre, nach der Pension zu kommen; vergiß nicht, für diesen Fall Deine Vorsichtsmaßregeln zu treffen. Viele Grüße von mir an Mademoiselle Pauline, an Mademoiselle Clotilde, und vor allem an Madame Darte. Ich liebe Dich mehr als je.

Von Herzen Dein
Henri Heine."

Pauline war die langjährige treue Gesellschafterin Mathildens im Heine'schen Hause, welche sich damals gleichfalls mit derselben im Pensionate der Madame Darte befand.

Am 20. August schrieb Heine:

„Mein geliebter Schatz!

„Seit Deiner Abreise tue ich nichts als seufzen. Ich leide an meinem gewöhnlichen Kopfweh und diese Schmerzen werden immer gesteigert und genährt durch die Unruhe meines Herzens. Ich will nicht mehr von Dir getrennt sein! Wie schrecklich! Ich fühle mehr wie je die Notwendigkeit, Dich immer vor Augen zu haben. Sage Dir einmal, wie es mich aufregen muß, daß ich noch keine Nachricht von Dir habe. Schreibe mir, ich beschwöre Dich, so oft wie möglich, wenigstens zwei Mal die Woche unter der Adresse der Herren Hoffmann & Campe. Schreibe mir, ob Du viel von der Seekrankheit gelitten hast, ob Du nicht von der Douane schikaniert worden bist, ob Du unterwegs nichts verloren hast und vor Allem, ob Du in der Pension gut aufgehoben bist. Ich bitte Dich, mir in dieser Hinsicht die volle Wahrheit zu sagen, denn wenn Du es nicht gut hast, werde ich meine Rückkehr noch mehr beschleunigen, als ich es schon tue. Sage mir, ob Deine Lage einigermaßen erträglich ist, dann kann ich meine Geschäfte mit mehr Ruhe und Muße beendigen. — Mein Kompliment an Madame Darte und an Deine jungen Freundinnen; ich hoffe, daß Pauline mir einen langen Brief voller Details über Dich schreiben wird. Sag' ihr, daß ich noch immer der Bewunderer ihres schönen Beines sei. Bleibe ruhig in Deinem Nest, mein

armes Täubchen; zeige Dich nicht öffentlich, damit Niemand meiner Bekannten erfahre, daß Du ohne mich in Paris bist.
Dein armer Hund
Henri Heine."

Am 2. September 1844:

„Liebster Schatz!

„Ich weiß wohl, daß Du nicht sehr schreiblustig bist, daß Briefe zu schreiben für Dich ein sehr langweiliges Geschäft ist, daß es Dich ärgert, Deine Feder nicht mit verhängtem Zügel von selbst galoppieren lassen zu können — aber Du weißt wohl, daß Du Dich für mich nicht zu genieren brauchst, und daß ich Deine Gedanken errate, wie schlecht sie auch ausgedrückt sein mögen. Ich habe in diesem Augenblick viel zu arbeiten, und da ich nur deutsch spreche und schreibe, macht es mir auch schon einige Mühe, französisch zu schreiben. Das mag Dir zugleich erklären, weshalb ich Dir weniger oft und nicht so lange Briefe schreibe, wie ich gern möchte, denn ich denke stets an Dich und ich habe Dir tausenderlei zu sagen. Das Wichtigste, was ich Dir mitzuteilen habe, ist, daß ich Dich liebe bis zum Wahnsinn, meine liebe Frau!"

In einem anderen Schreiben vom 11. September unterzeichnet Heine sich mit den Worten:

„Bis zum letzten Blutstropfen Dein Henri."

In einem ferneren Schreiben, vom 1. Oktober datiert, schreibt Heine u. a. folgendes:

„Meine Heißgeliebte!

„Ich bin in guter Stimmung, wenn auch nicht heiter. Wie könnte ich heiter sein, ferne von Dir, meine geliebte Nonotte, mein teures Lieb, mein armer Schatz, mein einziger Freund auf dieser Erde. Vergiß nicht, was ich Dir auf die Seele gebunden. Meine elenden Deutschen wissen, daß Du in Paris bist — sei wohl auf der Hut, daß sie Dir nicht nahe kommen. Mein Gott, der bloße Gedanke, daß Du ohne mich in Paris bist, macht mich zittern. Mein armes Lamm, Du bist in Paris, in der Heimat der Werwölfe. Nimm Dich in Acht, einige von ihnen haben ein sanftes Aussehen, die schlimmste Sorte ist die, welche Glacéhandschuhe trägt. Du weißt wohl, daß Du nur sicher bist unter der Obhut Deines treuen Schäfers, welcher zugleich Dein Hund ist. Ich schreibe Späße nieder und das Herz blutet mir. — Tausend Grüße an Deine jungen Freundinnen, besonders an Pauline, welche ich sehr liebe, ich ziehe diese Melone der schönsten Ananas vor. Welch' schönes Herz, welch' schönes Bein! — Leb' wohl, mein gutes Weib und betrage Dich wie ich es wünsche; beweise mir, daß Du alles dessen würdig bist, was ich für Dich empfinde.

Dein Mann
Henri Heine."

Doch nicht lange mehr war dem Dichter ein ungetrübtes Eheglück beschieden. Schon nach einigen Jahren warf ihn die schleichende Krankheit auf ein jahrelanges Siechbett, die Matratzengruft, wie er es nannte, darnieder. Mit großer Mühe konnte er im Jahre 1848 seinen letzten Ausgang nach dem Louvre. machen. Dort fiel er vor der berühmten Statue der Venus von Milo schluchzend zu Boden. Seit diesem Tage hatte Heine das Krankenzimmer nicht wieder verlassen, bis zu der Stunde, in welcher man seinen entseelten Körper zur letzten Ruhe nach Montmartre brachte. In dieser langen, traurigen Zeit hielt Mathilde mit treuer Sorgfalt bei ihm aus, trotzdem sie eine so eminent lebenslustige Natur war, und oft mußte sie der Dichter zu Vergnügungen und Zerstreuungen drängen. Für gröbere Hilfeleistungen hielt sie eine Mulattin, welche Heine jeden Morgen, während sein Lager neu bereitet wurde, auf ein Sofa legen mußte. Mathilde las ihm öfters vor, unter anderem die Romane des alten Dumas, welche er besonders gern hatte. Ungemein rührend ist das Gedicht, welches Heine in diesen Leidenstagen, dem Tode nahe, dichtete:[*]

> Keine Messe wird man singen,
> Keinen Kadosch wird man sagen,
> Nichts gesagt und nichts gesungen
> Wird an meinen Sterbetagen.
>
> Noch vielleicht an solchem Tage,
> Wenn das Wetter schön und milde,
> Geht spazieren auf Montmartre
> Mit Paulinen Frau Mathilde.
>
> Mit dem Kranz von Immortellen
> Kommt sie, mir das Grab zu schmücken,

---

[*] Lazarus. 14. „Gedächtnisfeier."

Und sie seufzet: „Pauvre homme!"
Feuchte Wehmut in den Blicken.

Leider wohn' ich viel zu hoch,
Und ich habe meiner Süßen
Keinen Stuhl hier anzubieten,
Ach, sie schwankt mit müden Füßen.

Süßes, dickes Kind, Du darfst
Nicht zu Fuß nach Hause geh'n;
An dem Barriere-Gitter
Siehst Du die Fiaker steh'n.

So äußerlich und leichtlebig Mathildens Natur gewesen, so waren doch die bitteren Tränen, welche sie ihrem berühmten Manne nachweinte, nach denen der alten Mutter und seines „Lottchens" wohl auch die aufrichtigsten. Sie war noch immer eine hübsche Frau, und würde, durch nichts gebunden, bei der Lage, die ihr der fürsorgliche Gatte geschaffen, leicht eine neue Verbindung gefunden haben. Sie aber blieb dem Manne ihres Herzens treu, wie sie ihm auch treu geblieben wäre, wenn er sie nicht zu seiner Gattin erhoben hätte. Heines Bruder, Gustav,[*] wollte demselben ein prachtvolles reiches Monument setzen lassen, jedoch Mathilde wehrte sich entschieden dagegen, und ließ ihm, seinem Wunsche gemäß, einen einfachen Stein nur mit dem Namen des Dichters auf einer kahlen Marmorplatte setzen. Auf dem Grabsteine, in seiner einfachen Würde mehr Effekt

---

[*] Baron Gustav Heine, † in Wien, der einstige Besitzer des „Wiener Fremdenblatt".

machend, als das stolzeste Monument, steht nichts weiter als die Worte:

„HENRI HEINE"

Noch fast dreißig Jahre überlebte Mathilde den Dichter. Sie zog sich auf ein in Passy bei Paris gelegenes kleines Landhaus zurück, in dessen großen Gemüsegarten ihr das Ziehen von Gemüsen und Obst aller Art eine Lieblingsbeschäftigung war.

Am 17. Februar, dem Todestage ihres Henri, vereinte sie der Tod auf immer mit dem geliebten Dichter.

Auf dem Grabstein liest man unter dem Namen Heines die einfachen Worte:

Madame HENRI HEINE

XIV. Passionsblume

> Du warst die Blume, Du geliebtes Kind,
> An Deinen Küssen mußt' ich Dich erkennen.

Wir befinden uns in dem kleinen Krankenzimmer Heines in der Avenue Matignon No. 3. Ein Berg von aufeinandergehäuften Matratzen barg die lebende Gruft des großen Märtyrers. Fürwahr, ein furchtbares Bild des menschlichen Jammers! Wie war das einst so schöne klassische Antlitz entstellt! Welche Veränderung hatte die unheimliche Krankheit seit acht Jahren in seinem Äußeren hervorgebracht, — Rückenmarksdarre! — Um den falschen Mitteilungen über sein Leiden entgegenzutreten, hatte Heine schon im Jahre 1849 in verschiedenen deutschen Blättern folgende interessante Erklärung veröffentlicht:

„Ich lasse dahingestellt sein, ob man meine Krankheit bei ihrem rechten Namen genannt hat, ob sie eine Familienkrankheit oder eine jener Privatkrankheiten ist, woran der Deutsche, der im Ausland privatisiert, zu leiden pflegt, ob sie ein französisches *ramolissement de la moëlle epinière* oder eine deutsche Rückengratsschwindsucht ist — so viel weiß ich, daß sie eine sehr garstige Krankheit ist, die mich Tag. und Nacht foltert, und nicht bloß mein Nervensystem, sondern auch das Gedankensystem bedenklich erschüttert hat[*] ...

---

[*] Siehe die kleine jüngst erschienene Schrift von Panizza:

Im Wonnemond des vorigen Jahres mußte ich mich zu Bette legen, und ich bin seitdem nicht wieder aufgestanden. Unterdessen, ich will es freimütig gestehen, ist eine große Umwandlung mit mir vorgegangen. Ich bin kein göttlicher Bipede mehr, ich bin nicht mehr der freieste Deutsche nach Goethe, wie mich Ruge in gesunden Tagen nannte, ich bin nicht mehr der große Heine[*]. N. II., den man mit dem weinlaubumkränzten Dionysos verglich während man meinem Kollegen N. I. den Titel eines großherzoglich weimarischen Jupiters erteilte; ich bin kein lebenslustiger etwas wohlbeleibter Hellene mehr, der auf trübsinnige Nazarener heiter herablächelt — ich bin jetzt nur ein armer todkranker Jude, ein abgezehrtes Bild des Jammers, ein unglücklicher Mensch!"

Während der gewaltige aristophanische Geist des Dichters bis zum letzten Augenblick nicht aufhörte, hell aufzublitzen (und für manche Feinde waren seine Blitzstrahlen noch oft vernichtend), ging es mit der armen Materie immer mehr bergab. Die schmerzhaftesten Krampfanfälle wiederholten sich immer mehr, zuletzt versagte sogar das lindernde Morphium seine Dienste. Wenn in der Morgenstunde seine „Matratzengruft" geordnet wurde,

---

„Die Krankheit Heines." Zürich, J. Schabelitz.

[*] Anm. d. Lektorin: Die übertragene Vorlage gibt „Heine" vor, an dieser Stelle muss stattdessen jedoch „Heide" gelesen werden (vgl. *Heinrich Heine, Historisch-kritische Gesamtausgabe der Werke, Bd. 15*, hrsg. v. M. Windfuhr, Hamburg 1982).

trug ihn eine der Wärterinnen auf dem Arme auf eine Chaiselongue. Sein Körper, der durch die Entkräftung vermindert erschien, sah aus wie der eines Kindes von zehn Jahren. Seine Füße hingen leblos herab und waren so verdreht, daß die Hacken sich da befanden, wo der Spann hätte sein sollen. Fürwahr, ein entsetzliches Trauerspiel! Im Laufe des Jahres 1855 war sein Zustand in der Tat trostlos geworden. Schlaflos lag er Tag und Nacht auf dem einsamen Lager. Täglich konnte man seinen Tod erwarten. Er erschien noch nicht. — Im Gegenteil — ein jugendlicher Lebensengel klopfte an die stille Krankenpforte, des sterbenden Poeten letztes Liebesideal trat hinein, welches unter dem Namen „Mouche" weltbekannt werden sollte.

Camilla Selden, wie sie sich stets zu nennen liebte, hieß mit wirklichem Namen „Elise von Krienitz", war in Prag geboren und mit jungen Jahren nach Paris gekommen, in die Hände eines leichtsinnigen, gewissenlosen Roué gefallen, welcher sie zwar heiratete, aber nach kürzester unglücklicher Ehe , um sie wieder loszuwerden, unter dem Vorwande, daß sie geistesgestört sei, ins Irrenhaus sperren ließ. Doch glückte es derselben, von dort zu entfliehen und nach England zu entkommen. Im Herbst des Jahres 1855 kam sie von Wien nach Paris zurück und erschien bei Heine, um ihm Kompositionen und Grüße des Wiener Komponisten Freiherrn Vesque von Puttlingen zu überbringen.

Auch mit Alfred Meißner war sie bereits früher

in nähere Beziehung getreten, doch weder letzterer noch Heine konnten gänzlich den geheimnisvollen Schleier lüften, welcher damals ihre Vergangenheit bedeckte. — Nach vielen Jahren hat sie selbst unter dem Titel „Heinrich Heines letzte Tage" demselben ein Buch der Erinnerung geweiht. — Für die Lieder des Dichters hatte sie schon in früher Jugend geschwärmt. Damals mochte sie achtundzwanzig Jahre zahlen. Hellbraunes Haar umrahmte lockig ihr feines Gesicht, aus welchem die blauen Augen süß und schelmisch über dem kecken Stumpfnäschen hervorblickten. Französischer Esprit und deutsche Innigkeit verbanden sich aufs reizvollste in ihrem holdseligen Wesen, an welchem der Dichter ein unsägliches Wohlgefallen hatte. Er konnte zuletzt kaum einen Tag ohne ihre aufheiternde Gegenwart verbringen. Als liebliche „Mouche" umflatterte sie fortan das Bett des Kranken. Diesen Kosenamen gab ihr Heine, weil sie ein Petschaft mit einer eingravierten Fliege besaß. —

Genau genommen, weiß man auch heute über ihre Vergangenheit wenig, ein fast undurchdringliches Rätsel umgibt dieses mystische Geheimnis aus dem Leben des Dichters, da sie selbst bis zu ihrem Tode es liebte, einen dichten Schleier über ihre früheren Schicksale auszubreiten. Ohne Hilfsmittel war sie in Paris erschienen und die von dem Zauber der Romantik einer unglücklichen Ehe und boshafter Verfolgung umflossene, aber auch sehr welterfahrene, reizende und pikante junge Frau, die überdies vortrefflich französisch sprach und schrieb, eine gemütvolle Deutsche, im Pariser-Gewande voller Chic, erschien sie Heine vom ersten Augenblicke an als liebespendender Trostengel, die schmerzhaften Wunden des Todkranken mit linderndem Balsam beträufelnd. Der alte kranke Skeptiker bekehrte sich noch einmal zur Romantik der Jugend und träumte sich wieder in die holde Zeit der alten „Jugendeselei" vom Mondschein und der Rose zurück:

„Du meines Herzens liebliche Mouche, Du allerreizendes Moschuskätzchen, das zugleich sanft wie ein Angorakätzchen ist, welche Art ich am meisten liebe. Lange bevorzugte ich die Tigerkatzen, doch sind diese zu gefährlich und die Küsse, welche sie zuweilen auf meinem Antlitz zurückließen, behagten mir durchaus nicht. — Ein Todkranker, der nach den glühenden Genüssen des Lebens dürstet, das ist entsetzlich!"

Auch vor ihrer bedeutenden geistigen Begabung hatte der Dichter großen Respekt und engagierte sie zu seiner Vorleserin: sein langjähriger Sekretär Rich. Reinhold hatte ihn kürzlich verlassen und empfand Heine daher schmerzlich die Einsamkeit des Krankenlagers. Jetzt konnte er der Vertrauten getrost die Korrekturen seiner Arbeiten überlassen.

Schon einige Tage nach der Bekanntschaft mit Heine schrieb ihr derselbe, seine des Schreibens kaum noch fähige Hand anstrengend, folgendes Briefchen:

„Liebenswürdigste und reizendste Person!*⁾
Ich bedaure lebhaft, Sie neulich so wenig gesehen zu haben. Sie haben mir einen sehr angenehmen Eindruck hinterlassen, und ich empfinde ein großes Verlangen, Sie wieder zu sehen. Kommen Sie von morgen ab, wenn es Ihnen möglich ist, unter allen Umständen, kommen Sie so bald wie möglich! Ich bin bereit. Sie zu jeder Stunde zu empfangen, jedoch wäre mir am liebsten von 4 Uhr bis — so spät sie wollen. Ich schreibe Ihnen selbst, trotz meiner schwachen Augen, und zwar weil ich im Augenblick keinen Sekretär habe, auf den ich mich verlassen kann. Meine Ohren sind betäubt von allerlei widerwärtigem Geräusch, und ich bin die ganze Zeit über sehr leidend gewesen. — Ich weiß nicht, warum Ihre liebevolle Sympathie mir so wohl tut, ich abergläubisches Wesen, bilde ich mir doch ein, mich habe eine gute Fee in der Stunde der Trübsal besucht, nein, war die Fee gut, so war auch die Stunde eine Stunde des Glücks. Oder wäre sie eine böse Fee? Ich muß es bald wissen. —

Ihr Heinrich Heine."

Einige Tage später:
„Heute keine Schule, denn der Schulmeister ist noch nicht ‚curé', wie das alte Weib Liszt sagt, darum will ich auf Deinen Besuch verzichten. Laß mich aber wissen, ob Du morgen (Montag) kommen kannst. Ich habe starkes Kopfweh; es wäre

---

*⁾ Heines Werke. Briefe, pag. 481 ff.

selbstsüchtig, Dich kommen zu lassen, ohne mich mit Dir unterhalten zu können. Deiner Antwort gewärtig, bleibe ich der lieblichsten Mouche

allertollster Heine."

„Süßeste feinste Mouche!
„Oder soll ich von Ihrem Siegelring absehen und Sie nach dem Parfüm Ihres Briefes nennen? In diesem Falle müßte ich Sie nennen „Zierlichste Moschuskatze".

„Ich habe Ihren Brief gestern erhalten — die *pattes de mouche* hüpfen mir beständig im Kopf herum, vielleicht gar im Herzen. Mein lebhafter Dank für all' die Zuneigung, die Sie mir bekunden. Die Übersetzung der Gedichte ist sehr schön und ich wiederhole, was ich Ihnen vor Ihrer Abreise darüber gesagt habe. Auch ich freue mich, Sie bald wiederzusehen und auf das liebe Schwabengesicht *poser une empreinte vivante*[*)] zu können. Ach, dieser Satz würde eine weniger platonische Bedeutung gewinnen, wenn ich noch ein Mann wäre! Aber ich bin nur noch ein Geist, das mag **Ihnen** schon ganz recht sein, aber mir behagt es nur so so. Mir geht's immer noch sehr schlecht; fortwährend Widerwärtigkeiten, Wutanfälle — Wut über meinen verzweifelten Zustand.

„Ich bin ein Toter, den es dürstet nach den glühendsten Genüssen, die das Leben gewährt! Es ist entsetzlich. Lebewohl! Möge Ihnen das Bad Stärkung und Gesundheit bringen.

[*)] Lieblingsausdruck der Mouche.

„Herzliche Grüße von Ihrem Freunde
Heinrich Heine."

Wenn sie, durch Zufall oder durch Krankheit verhindert, ausblieb, war er unglücklich und sendete eilige Boten und Briefchen wie unter vielen anderen folgendes:

„Paris, den 20. Juli 1855.
„Du bist in Paris und zögerst noch zu mir zu kommen und mir die Hand zu drücken. Sei nicht böse! So anmutig Du bist, Du gemahnst mich an ein schwäbisches Vöglein. Komme aber bald.

Ganz der Deine
H. Heine."

Ein Mitte November 1855 geschriebenes Billett:
„Liebste holde Freundin!
„Ich danke für die süßherzlichen Zeilen — bin froh, daß Sie wohl sind — ich leider bin immer sehr krank, schwach und unwirsch, manchmal bis zu Tränen über den geringsten Schicksalsschabernack affiziert. Jeder Kranke ist eine Ganache. Ungern lasse ich mich in solchem miserablen Zustande sehen, aber die liebe „Mouche" muß ich dennoch sumsen hören. Komm' Du bald — sobald Gw. Wohlgeboren nur wollen — sobald als möglich — Komm', mein teures, liebes Schwabengesicht! — Das Gedicht habe ich aufgekritzelt — pure Charenton Poesie — Der Verrückte an eine Verrückte.

H. H.

„Mittwoch, 3 Uhr (einige Tage später).

„Liebste Seele!

„Bin sehr elend. Hustete vierundzwanzig Stunden lang, daher heute Kopfschmerz, wahrscheinlich auch morgen — deshalb bitte ich die Süßeste, anstatt morgen (Donnerstag) lieber Freitag zu mir zu kommen. Bis dahin muß ich hungern. Mein Serinsky[*)] hat für die ganze Woche sich krank melden lassen. Welche unbehaglichen Mißstände! Ich werde fast wahnsinnig vor Ärger, Schmerz und Ungeduld. Ich werde den lieben Gott, der so grausam an mir handelt, bei der Tierquälergesellschaft verklagen. Ich rechne auf Freitag. Unterdessen küsse ich in Gedanken die kleinen *pattes de mouche*.

Dein wahnsinniger H. H."

Fürwahr, ein merkwürdiges Verhältnis hatte sich zwischen dem sterbenden Dichter und der jungen begeisterten Verehrerin entsponnen, eines jener Verhältnisse, das dem Psychologen viel zu denken geben mag, zu dem aber die Kenner deutscher Literatur in den Beziehungen des greisen Goethe zu Ulrike von Levetzow eine Parallele finden werden, mit dem alleinigen Unterschied, daß Goethe auch körperlich sich noch in voller Rüstigkeit und Frische befand.

In der Tat, das Herz unseres Dichters war noch einmal von einer tiefen, zärtlichen Neigung ergriffen, ja wie aus einigen seiner Briefe und Gedichte

---

[*)] Heines letzter Sekretär.

erhellt, sogar von einer mächtigen Glut sinnlicher
Leidenschaft entzündet:

> Wahrhaftig, wir beide bilden
> Ein kurioses Paar,
> Die Liebste ist schwach auf den Beinen,
> Der Liebhaber lahm sogar.
>
> Sie ist ein leidendes Kätzchen,
> Und er ist krank wie ein Hund;
> Ich glaube, im Kopfe, sind beide
> Nicht sonderlich gesund.
>
> Sie ist eine Lotosblume,
> Bildet die Liebste sich ein,
> Doch er, der blasse Geselle,
> Vermeint, der Mond zu sein.
>
> Die Lotosblume erschließet
> Ihr Kelchlein im Mondenlicht,
> Doch statt des befruchtenden Lebens
> Empfängt sie nur ein Gedicht.

So wie der Gefangene, sagt Meißner,[*] das Vögelchen liebt, das am Simse seines Fensters zu sitzen pflegt und es zärtlich füttert, um es bald wieder herbeizulocken, damit es den grünen lustigen Wald von Zeit zu Zeit vergesse, so überhäufte auch Heine seine Freundin und Gesellschafterin mit kleinen Geschenken, welche sinnvoll sein Wohlgefallen in hundert Gestalten ausdrückten. In seinen Briefchen und Gedichten an die geliebte Mouche hören wir die süßesten Koselaute, den bekannten Spott von der Neckerei an bis zum

---

[*] Erinnerungen an H. Heine.

blasphemischen Ingrimm, die Klagerufe nach der Jugend, nach dem Genusse, nach dem Leben, dies alles hüllt sich in eine düstere Atmosphäre der Melancholie, aus welcher zuweilen, wie Blitze, die Flüche der Verzweiflung hervorfahren.

Gewöhnlich wählte Heine aus Rücksicht zu Mathilden, welche anfangs wohl kaum solch' tiefe Glut von Leidenschaft ihres „Henri" zur Mouche ahnte, die Stunden der Abwesenheit seiner Gattin zum Rendezvous. Einmal trafen sich die beiden im Hausflur — ohne daß Mathilde sich in ein Gespräch einließ.

> Laß mich mit glühenden Zangen kneifen,[*)]
> Laß grausam schinden mein Gesicht,
> Laß mich mit Ruthen peitschen, stäupen —
> Nur warten, warten laß mich nicht.
>
> Laß mit Torturen aller Arten
> Verrecken, brechen mein Gebein,
> Doch laß mich nicht vergebens warten,
> Denn warten ist die schlimmste Pein!
>
> Den ganzen Nachmittag bis Sechse
> Hab' ich gestern umsonst geharrt —
> Umsonst; Du kamst nicht, kleine Hexe,
> So daß ich fast wahnsinnig ward.
>
> Die Ungeduld hielt mich umringelt
> Wie Schlangen; jeden Augenblick
> Fuhr ich empor, wenn man geklingelt,
> Doch kamst Du nicht — ich sank zurück!

[*)] Die Lotosblume.

Du kamst nicht — ich rase, schnaube,
Und Satan raunt mir ins Ohr:
Die Lotosblume, wie ich glaube,
Mokiert sich Deiner, alter Tor!

Die „geistige" Seelenverwandtschaft mit der Geliebten schildert Heine in herrlichsten Worten:

Dich fesselt mein Gedankenbann
Und was ich dachte, was ich sann,
Das mußt Du denken, mußt Du sinnen —
Du kannst nicht meinem Geist entrinnen.

Stets weht Dich an sein wilder Hauch
Und wo Du bist, da ist er auch,
Du bist sogar im Bett nicht sicher
Vor seinem Kusse und Gekicher!

Mein Leib birgt tot ein Grab, jedoch
Mein Geist der ist lebendig noch,
Er wohnt gleich einem Hauskobolde
In Deinem Herzchen, meine Holde.

Vergönn' das traute Nestchen ihm,
Du wirst nicht los das Ungetüm,
Und flöhest Du bis China, Japan,
Du wirst nicht los den armen Schnapphahn!

Denn überall, wohin Du reist,
Sitzt ja im Herzen Dir mein Geist,
Und denken mußt Du, was ich sann —
Dich fesselt mein Gedankenbann!

*

Die Wahlverlobten

Du weinst und siehst mich an und meinst.
Daß Du ob meinem Elend weinst —
Du weißt nicht, Weib! Dir selber gilt
Die Trän', die Deinem Aug' entquillt.

O, sage mir, ob nicht vielleicht
Zuweilen Dein Gemüt beschleicht
Die Ahnung, die Dir offenbart,
Daß Schicksalswille uns gepaart?
Vereinet war uns Glück hienieden,
Getrennt nur Untergang beschieden.

Im großen Buche stand geschrieben,
Wir sollten uns einander lieben.
Dein Platz, er sollt' an meiner Brust sein.
Hier wär' erwacht Dein Selbstbewußtsein,
Ich hätt' Dich aus dem Pflanzentume
Erlöst, emporgeküßt, o Blume.
Empor zu mir und zum höchsten Leben,
Ich hätt' Dir eine Seel' gegeben.

Jetzt, wo gelöst die Rätsel sind,
Der Sand im Stundenglas verrinnt —
O weine nicht, es mußte sein —
Ich scheide und du welkst allein;[*]
Erlöset[**], eh' Du noch geglüht,

---

[*] Anm. d. Lektorin: Kaufmann lässt an dieser Stelle folgenden, zum Gedicht „Die Wahlverlobten" gehörigen Vers aus: *Du welkst, bevor Du noch geblüht,* (vgl. *Heinrich Heine, Historisch-kritische Gesamtausgabe der Werke, Bd. 3/1*, hrsg. v. M. Windfuhr, Hamburg 1992).

[**] Anm. d. Lektorin: Die übertragene Vorlage gibt „Erlöset" vor, hier muss stattdessen jedoch „Erlöschest" gelesen werden, (vgl. *Heinrich Heine, Historisch-kritische Gesamtausgabe der Werke, Bd. 3/1*, hrsg. v. M. Windfuhr,

Du stirbst, Dich hat der Tod erfaßt,
Bevor Du noch gelebet hast. *⁾

Wenn im Momente des Erkennens
Die Stunde schlägt des ewigen Trennens!
Der Willkomm ist zu gleicher Zeit
Ein Lebewohl! Wir scheiden heut'
Auf immerdar. Kein Wiederseh'n
Gibt es für uns in Himmelshöh'n.

Die Schönheit ist dem Staub verfallen.
Du wirst zerstieben, wirst verhallen.
Viel anders ist es mit Poeten,
Die kann der Tod nicht gänzlich töten,
Uns trifft nicht weltliche Vernichtung,
Wir leben fort im Reich der Dichtung,
In Avalun, dem Feenreiche.
Leb' wohl auf ewig, schöne Leiche!

Frau Mathilde, welche anfangs in der Mouche keine gefährliche Nebenbuhlerin vermutete, wurde mit der Zeit immer eifersüchtiger auf dieselbe. Der Wunsch des Dichters, sein „Moschuskätzchen" öfters am Mittagstische teilnehmen u lassen, wurde von Mathilden mit größter Entschiedenheit abgelehnt, deren freundlichste Begrüßung kaum erwidert und das Krankenzimmer bei ihrem Erscheinen sofort verlassen.

Hamburg 1992).

*⁾ Anm. d. Lektorin: An dieser Stelle sind zwei Verse ausgelassen worden, die den Anfang der darauffolgenden Strophe bilden: *Ich weiß es jetzt. Bei Gott! du bist es/ Die ich geliebt. Wie bitter ist es,* (vgl. *Heinrich Heine, Historisch-kritische Gesamtausgabe der Werke, Bd. 3/1,* hrsg. v. M. Windfuhr, Hamburg 1992).

Hier eine interessante Anekdote, vom Neffen des Dichters, Baron Ludwig von Embden, erzählt:

Die Mutter desselben, bekanntlich die einzige Lieblingsschwester, Heines „Lottchen", wurde einst für die Mouche gehalten, als der alte Béranger ihn besuchte und Madame Charlotte Embden am Bette sitzend fand. Auf den Kranken zuschreitend, fragte er:

„Lieber Heine, ist Madame die vielgerühmte neue Vorleserin Mouche?"

Worauf Heine lächelnd erwiderte:

„Cher ami, Sie haben wohl *mouche volante* (Augenflimmern), es ist ja meine Schwester!"

Wenn anhaltendes Vorlesen den Dichter ermüdete, mußte die Mouche öfters anhalten. Dann lag er mit halbgeschlossenen Augen da, streckte seine Arme aus und bat sie, ihre Hand in die seine zu legen, die er nun so fest umschloß, als ob es in ihrer Macht gelegen hätte, ihn dem Tode zu entreißen. So wollte er sich, wie er meinte, wobei der Klang seiner Stimme eine eigentümliche Schärfe annahm, an das fliehende Leben klammern.

Zum Neujahrstage 1856 sandte ihr Heine eine Schachtel Schokolade mit folgendem Briefchen:

„Liebes Kind!

„Ich gratuliere Dir zum neuen Jahre und schicke Dir eine Schachtel Schokolade — die wenigstens *de bon goût* ist. Ich weiß sehr gut, daß es Dir nicht ganz recht ist, wenn ich dergleichen Konvenienzen beobachte, aber es geschieht auch unserer äußeren Umgebung wegen, die in der Nichtbeachtung der üblichen Aufmerksamkeit einen Mangel an wechselseitigem Estime sehen würde. Ich liebe Dich so sehr, daß ich für meine Person gar nicht nötig hätte. Dich zu ästimieren. Du bist meine liebe Mouche und ich fühle minder meine Schmerzen, wenn ich an Deine Zärtlichkeit, an die Anmut Deines Geistes denke. Leider kann ich nichts für Dich tun, als Dir solche „Worte" gemünzte Luft sagen. Meine besten Wünsche zum neuen Jahre, ich spreche sie nicht aus — Worte!

„Ich bin vielleicht morgen im Stande, meine Mouche zu sehen, dann lasse ich es ihr wissen. Jedenfalls aber kommt sie übermorgen zu ihrem

Nebukadnezar II,
ehemaliger preußischer Atheist,
jetzt Lotosblumenanbeter."

„Liebe Freundin! Ich bin immer noch sehr krank und kann Dich heute nicht sehen, hoffe aber, Du wirst morgen, Dienstag, kommen können. Schreibe mir ein Wort, ob Du nicht vor übermorgen kommen könntest.

Dein armer Freund
Nebukadnezar II.

„Ich bin nämlich ebenso verrückt wie der König von Babylon und esse nur noch gehacktes Kraut, welche Nahrung meine Köchin Spinat nennt."

„Liebstes Geschöpf!
„Ich habe heute entsetzliches Kopfweh und fürchte die Folgen dieser Migräne für morgen. Ich bitte Sie demnach nicht morgen (Sonntag) zu kommen, sondern erst Montag. — Ich habe ein großes Verlangen, Dich wiederzusehen, letzte Blume meines trübseligen Herbstes, tolle Geliebte.
„Ich bin nach wie vor mit toller Zärtlichkeit

> „Dein ergebener Heinrich H."

„Liebste Freundin!
„Ich stecke noch immer in meinem Kopfschmerz, der vielleicht erst morgen endigt, so daß ich die Liebliche erst übermorgen sehen kann. Welch' ein Kummer! Ich bin so krank! *My brain is full of madness and my heart is full of sorrow.* Nie war ein Poet elender in der Fülle des Glücks, das seiner zu spotten scheint. — Ich drücke eine *empreinte vivante* auf all' Deine Lieblichkeit, aber nur in der Phantasie. Ich habe Dir nicht weiter zu bieten als die Phantasie, *poor girl*.

> Leb' wohl!   H.

„Dienstag Mittag."

„Liebste Mouche!
„Ich habe eine schlechte, sehr schlechte Nacht mit Stöhnen zugebracht und verliere fast den Mut. Ich rechne darauf, Dich morgen um mich summsen zu hören. Bei alledem bin ich sentimental wie ein Mops, der zum ersten Male liebt. Warum kann ich nicht all' diese Sentimentalität den Reizen der

Frau Koreff widmen. — Aber Du verstehst nichts von dem, was ich da sage. Du bist eine Gans.

„Dein Gänserich
Genserich I, König der Vandalen."

„Holde Freundin!
„Ich bin heute derartig krank, daß ich ernstlich fürchte, ich werde es morgen noch sein. Ich muß Sie somit bitten, mir das Glück Ihres Besuches bis zum Sonnabend oder Sonntag vorzubehalten.

„Ihr Schleierchen ist sorgfältig zusammengefaltet auf meinem Schreibtische liegen geblieben.

Ich liebe Sie mit der Zärtlichkeit eines Sterbenden, somit zärtlicher als sonst jemand auf Erden.

Heinrich Heine."

„Liebste Mouche!
„Ich bin sehr leidend und zum Tode verdrießlich. Auch das Augenlid meines rechten Auges fällt zu und ich kann fast gar nicht mehr schreiben. Aber ich liebe Dich sehr und denke an Dich, Du Süßeste.

„Die Novelle hat mich gar nicht ennuyiert und gibt gute Hoffnung für die Zukunft. Du bist nicht so dumm, als Du aussiehst! Zierlich bist Du über alle Maßen und daran erfreut sich mein Sinn. Werde ich Dich morgen sehen?

Noch weiß ich es nicht, denn wenn mein Leiden so fortdauert, erhältst Du Nachricht. Eine weinerliche Verstimmung überwältigt mich. Mein

Herz gähnt spasmatisch. Diese *bâillements* sind unerträglich. Ich wollte, ich wäre tot, oder ein gesunder Mops, der sich aus Medizin nichts macht.
Tiefster Jammer, Dein Name ist Heinrich Heine."

Am 14. Februar besuchte ihn die geliebte Mouche zum letzten Male.

„Schiebe Deinen Hut etwas zurück, damit ich Dich besser sehen kann," sagte er beim Abschied mit einer liebkosenden Gebärde. —

Dann rief er ihr noch angstvoll zitternd nach: „Auf Morgen, hörst Du, nicht ausbleiben!"

In der folgenden Nacht stellten sich häufige Ohnmachten, Krämpfe und starkes Erbrechen ein, und es war für niemanden mehr zweifelhaft, daß Heine diesmal unterliegen müsse. Am nächsten Tage arbeitete er etwa noch vier Stunden bei klarem Bewußtsein. Dann kam der Sonnabend, der 16. Februar heran, an welchem sich das Übel immer mehr verschlimmerte. Die Schwäche nahm stetig zu. Nachmittags zwischen vier und fünf Uhr flüsterte er dreimal das Wort „schreiben", dann rief er: „Bleistift, Papier!" — — — Dies waren Heines letzte Worte.

In der Nacht auf den 17. Februar hauchte er seinen unsterblichen Geist aus.

Die „Mouche", welche den geliebten Dichter noch einmal im Tode sah, beschreibt diesen letzten Besuch folgendermaßen:

„Man führte mich in ein stilles Zimmer, wo die Leiche wie eine Statue auf einem Grabmal in der erhabenen Unbeweglichkeit des Todes lag. Nichts Menschliches mehr in diesen kalten Zügen, nichts mehr, was an den erinnert hätte, der da geliebt, gehaßt und gelitten: eine antike Maske, über welche die Ruhe des Todes die Eisschicht einer stolzen Gleichgültigkeit gelegt hatte, ein bleiches Marmorgesicht, dessen schöne Linie an die erhabensten Meisterwerke der griechischen Kunst erinnerte, so habe ich ihn zum letzten Male gesehen. Der Tod zeigte sich gerecht gegen den, der ihn liebte; ähnlich der herrlichen Gestalt, welche er in der „Wallfahrt nach Kevlaar" gezeichnet, lenkte der Tod, der große Tröster, seine Schritte des Morgens nach dem Bette des Kranken, um seinen Leiden ein Ende zu machen."[*]

Camilla Selden überlebte ihren Dichter viele Jahre. — Sie starb im August 1896 zu Rouen, wo sie während langer Zeit als Lehrerin der deutschen Sprache an der städtischen Mädchenschule gewirkt hatte.

Das zur Matrone gewordene „liebliche Schwabengesicht" war jetzt fromm geworden und versäumte an keinem Sonntage, die Messe zu hören — *Tempi passati!* — Ob sie für das Seelenheil ihres einst geliebten Heinrich betete? — Wer kann es wissen!

---

[*] Camilla Selden: Heinrich Heines letzte Tage, Jena, Costenoble.

Heines letztes Poem, kurz vor seinem Tode gedichtet, trägt den Titel „Für die Mouche". 'Es ist gleichsam ein Überblick über seine ganze dichterische Tätigkeit. Noch einmal deutete er mit einigen Pinselstrichen alle seine Liebesgestalten an, verweilt noch einmal bei den bedeutendsten Wendepunkten seiner Laufbahn und beschließt seine Gesänge von ehemals mit seinem letzten in ihm noch lebenden Leide, mit seiner trostlosen Liebe, seiner Schattenliebe.

In diesem herrlichen Schwanengesange des sterbenden Dichters erblickt derselbe zu Häupten seiner Ruhestätte eine rätselhaft gestaltete Blume, von wildem Liebreiz. Die Blätter schwefelgelb und violett, im Volksmunde — die „Passionsblume" genannt.

Doch siehe! Diese Blume verwandelt sich plötzlich in ein Frauenbildnis, und das ist sie, die Liebste, ja dieselbe!

> Du warst die Blume, Du geliebtes Kind,
> An Deinen Küssen mußt ich Dich erkennen,
> So zärtlich keine Blumenlippen sind,
> So feurig keine Blumentränen brennen!
>
> Geschlossen war mein Aug', doch angeblickt
> Hat meine Seele beständig Dein Gesichte,
> Du sahst mich an, beseeligt und verzückt
> Und geisterhaft beglänzt vom Mondenlichte.
>
> Wir sprachen nicht, jedoch mein Herz vernahm,
> Was Du verschwiegen dachtest im Gemüte —
> Das ausgesprochne Wort ist ohne Scham,
> Das Schweigen ist der Liebe keusche Blüte.

Lautloses Zwiegespräch, man glaubt es kaum,
Wie bei dem stummen, zärtlichen Geplauder
So schnell die Zeit verstreicht im schönen Traum
Der Sommernacht, gewebt aus Lust und Schauder.

Was wir gesprochen, frag' es niemals, ach!
Den Glühwurm frag', was er dem Grase glimmert,
Die Welle frage, was sie rauscht im Bach,
Den Westwind frage, was er weht und wimmert.

Frag', was er strahlet, den Karfunkelstein,
Frag', was sie duften, Nachtviol und Rosen —
Doch frage nie, wovon im Mondenschein
Die Marterblume und ihr Toter kosen!

Editorische Notiz:

Der Text der vorliegenden Edition folgt der Ausgabe:

Max Kaufmann: Heines Liebesleben, Zürich 1897.

Der Text wurde aus Fraktur übertragen. Die Orthographie wurde behutsam modernisiert, grammatikalische Eigenheiten bleiben gewahrt. Die Interpunktion folgt der Druckvorlage. Kleinere Fehler wurden stillschweigend korrigiert.

Ebenfalls im SEVERUS Verlag erhältlich:

Oscar Bie
**Franz Schubert:
Sein Leben und sein Werk**

SEVERUS 2011 / 168 S. / 29,50 Euro
ISBN 978-3-86347-022-7

Als „deutscher Liederfürst" oder verkanntes Genie wird er mittlerweile bezeichnet: Franz Schubert (1797-1828). Doch sein kurzes Leben – er starb bereits im Alter von 31 Jahren – war geprägt von dem nur mittelmäßig erfolgreichen Versuch, sich als Komponist zu etablieren. In der kurzen Lebensbeschreibung, die Oscar Bie seinem Werk voranstellt, vermittelt er dem Leser anschaulich das Ringen um Aufmerksamkeit, aber auch die Unterstützung, die Schubert von seinen zahlreichen Freunden – ihrerseits meist Dichter, Musiker und Künstler – erhielt.

Im Vordergrund des vorliegenden Bandes von 1925 steht jedoch die ausführliche Beschreibung und Beurteilung von Schuberts Oeuvre. Der Publizist und Opernkritiker Oscar Bie macht dabei deutlich, wie tief romantisch Schuberts Werke sind, und dass der Wiener Komponist heute nicht umsonst neben Beethoven als Begründer der Romantik im deutschsprachigen Raum gilt. Die Begeisterung vor allem für die „kleine Form", also die Lieder und Klavierstücke Schuberts, spricht dabei aus jedem Satz Bies, der es aber gerade bei der Bewertung der Opern und Messen auch nicht an leiser, vorsichtiger Kritik mangeln lässt. Auf diese Weise zeichnet er ein vielschichtiges und abgerundetes Bild des Schubert'schen Oeuvres, das durch die zahlreichen Notenbeispiele und Abbildungen belebt wird.

Bisher im SEVERUS Verlag erschienen:

Achelis. Th. Die Entwicklung der Ehe * Die Religionen der Naturvölker im Umriß, Reihe ReligioSus Band V * **Andreas-Salomé, Lou** Rainer Maria Rilke * **Arenz, Karl** Die Entdeckungsreisen in Nord- und Mittelafrika von Richardson, Overweg, Barth und Vogel * **Aretz, Gertrude (Hrsg)** Napoleon I - Briefe an Frauen * **Ashburn, P.M** The ranks of death. A Medical History of the Conquest of America * **Avenarius, Richard** Kritik der reinen Erfahrung * Kritik der reinen Erfahrung, Zweiter Teil * **Beneke, Otto** Von unehrlichen Leuten: Kulturhistorische Studien und Geschichten aus vergangenen Tagen deutscher Gewerbe und Dienste * **Berneker, Erich** Graf Leo Tolstoi * **Bernstorff, Graf Johann Heinrich** Erinnerungen und Briefe * **Bie, Oscar** Franz Schubert - Sein Leben und sein Werk * **Binder, Julius** Grundlegung zur Rechtsphilosophie. Mit einem Extratext zur Rechtsphilosophie Hegels * **Bliedner, Arno** Schiller. Eine pädagogische Studie * **Blümner, Hugo** Fahrendes Volk im Altertum * **Brahm, Otto** Das deutsche Ritterdrama des achtzehnten Jahrhunderts: Studien über Joseph August von Törring, seine Vorgänger und Nachfolger * **Braun, Lily** Lebenssucher * **Braun, Ferdinand** Drahtlose Telegraphie durch Wasser und Luft * **Brunnemann, Karl** Maximilian Robespierre - Ein Lebensbild nach zum Teil noch unbenutzten Quellen * **Büdinger, Max** Don Carlos Haft und Tod insbesondere nach den Auffassungen seiner Familie * **Burkamp, Wilhelm** Wirklichkeit und Sinn. Die objektive Gewordenheit des Sinns in der sinnfreien Wirklichkeit * **Caemmerer, Rudolf Karl Fritz Die** Entwicklung der strategischen Wissenschaft im 19. Jahrhundert * **Casper, Johann Ludwig** Handbuch der gerichtlich-medizinischen Leichen-Diagnostik: Thanatologischer Teil, Bd. 1 * **Cronau, Rudolf** Drei Jahrhunderte deutschen Lebens in Amerika. Eine Geschichte der Deutschen in den Vereinigten Staaten * **Cushing, Harvey** The life of Sir William Osler, Volume 1 * The life of Sir William Osler, Volume 2 * **Dahlke, Paul** Buddhismus als Religion und Moral, Reihe ReligioSus Band IV * **Eckstein, Friedrich** Alte, unnennbare Tage. Erinnerungen aus siebzig Lehr- und Wanderjahren * Erinnerungen an Anton Bruckner * **Eiselsberg, Anton Freiherr von** Lebensweg eines Chirurgen * **Eloesser, Arthur** Thomas Mann - sein Leben und Werk * **Elsenhans, Theodor** Fries und Kant. Ein Beitrag zur Geschichte und zur systematischen Grundlegung der Erkenntnistheorie. * **Engel, Eduard** Shakespeare * Lord Byron. Eine Autobiographie nach Tagebüchern und Briefen. * **Ewald, Oscar** Nietzsches Lehre in ihren Grundbegriffen * Die französische Aufklärungsphilosophie * **Ferenczi, Sandor** Hysterie und Pathoneurosen * **Fichte, Immanuel Hermann** Die Idee der Persönlichkeit und der individuellen Fortdauer

www.severus-verlag.de

* **Fourier, Jean Baptiste Joseph Baron** Die Auflösung der bestimmten Gleichungen * **Frimmel, Theodor von** Beethoven Studien I. Beethovens äußere Erscheinung * Beethoven Studien II. Bausteine zu einer Lebensgeschichte des Meisters * **Fülleborn, Friedrich** Über eine medizinische Studienreise nach Panama, Westindien und den Vereinigten Staaten * **Goette, Alexander** Holbeins Totentanz und seine Vorbilder * **Goldstein, Eugen** Canalstrahlen * **Graebner, Fritz** Das Weltbild der Primitiven: Eine Untersuchung der Urformen weltanschaulichen Denkens bei Naturvölkern * **Griesinger, Wilhelm** Handbuch der speciellen Pathologie und Therapie: Infectionskrankheiten * **Griesser, Luitpold** Nietzsche und Wagner - neue Beiträge zur Geschichte und Psychologie ihrer Freundschaft * **Hartmann, Franz** Die Medizin des Theophrastus Paracelsus von Hohenheim * **Heller, August** Geschichte der Physik von Aristoteles bis auf die neueste Zeit. Bd. 1: Von Aristoteles bis Galilei * **Helmholtz, Hermann von** Reden und Vorträge, Bd. 1 * Reden und Vorträge, Bd. 2 * **Henker, Otto** Einführung in die Brillenlehre * **Kalkoff, Paul** Ulrich von Hutten und die Reformation. Eine kritische Geschichte seiner wichtigsten Lebenszeit und der Entscheidungsjahre der Reformation (1517 - 1523), Reihe ReligioSus Band I * **Kautsky, Karl** Terrorismus und Kommunismus: Ein Beitrag zur Naturgeschichte der Revolution * **Kerschensteiner, Georg** Theorie der Bildung * **Klein, Wilhelm** Geschichte der Griechischen Kunst - Erster Band: Die Griechische Kunst bis Myron * **Krömeke, Franz** Friedrich Wilhelm Sertürner - Entdecker des Morphiums * **Külz, Ludwig** Tropenarzt im afrikanischen Busch * **Leimbach, Karl Alexander** Untersuchungen über die verschiedenen Moralsysteme * **Liliencron, Rochus von / Müllenhoff, Karl** Zur Runenlehre. Zwei Abhandlungen * **Mach, Ernst** Die Principien der Wärmelehre * **Mausbach, Joseph** Die Ethik des heiligen Augustinus. Erster Band: Die sittliche Ordnung und ihre Grundlagen * **Mauthner, Fritz** Die drei Bilder der Welt - ein sprachkritischer Versuch * **Meissner, Franz Hermann** Arnold Böcklin * **Müller, Conrad** Alexander von Humboldt und das Preußische Königshaus. Briefe aus den Jahren 1835-1857 * **Oettingen, Arthur von** Die Schule der Physik * **Ostwald, Wilhelm** Erfinder und Entdecker * **Peters, Carl** Die deutsche Emin-Pascha-Expedition * **Poetter, Friedrich Christoph** Logik * **Popken, Minna** Im Kampf um die Welt des Lichts. Lebenserinnerungen und Bekenntnisse einer Ärztin * **Prutz, Hans** Neue Studien zur Geschichte der Jungfrau von Orléans * **Rank, Otto** Psychoanalytische Beiträge zur Mythenforschung. Gesammelte Studien aus den Jahren 1912 bis 1914. * **Ree, Paul Johannes** Peter Candid * **Rohr, Moritz von** Joseph Fraunhofers Leben, Leistungen und Wirksamkeit * **Rubinstein, Susanna** Ein individualistischer Pessimist: Beitrag zur Würdigung Philipp Mainländers * Eine Trias von Willensmetaphysi-

www.severus-verlag.de

kern: Populär-philosophische Essays * **Sachs, Eva** Die fünf platonischen Körper: Zur Geschichte der Mathematik und der Elementenlehre Platons und der Pythagoreer * **Scheidemann, Philipp** Memoiren eines Sozialdemokraten, Erster Band * Memoiren eines Sozialdemokraten, Zweiter Band * **Schlösser, Rudolf** Rameaus Neffe - Studien und Untersuchungen zur Einführung in Goethes Übersetzung des Diderotschen Dialogs * **Schweitzer, Christoph** Reise nach Java und Ceylon (1675-1682). Reisebeschreibungen von deutschen Beamten und Kriegsleuten im Dienst der niederländischen West- und Ostindischen Kompagnien 1602 - 1797. * **Sommerlad, Theo** Die soziale Wirksamkeit der Hohenzollern * **Stein, Heinrich von** Giordano Bruno. Gedanken über seine Lehre und sein Leben * **Strache, Hans** Der Eklektizismus des Antiochus von Askalon * **Thiersch, Hermann** Ludwig I von Bayern und die Georgia Augusta * Pro Samothrake * **Tyndall, John** Die Wärme betrachtet als eine Art der Bewegung, Bd. 1 * Die Wärme betrachtet als eine Art der Bewegung, Bd. 2 * **Virchow, Rudolf** Vier Reden über Leben und Kranksein * **Vollmann, Franz** Über das Verhältnis des späteren Stoa zur Sklaverei im römischen Reiche * **Wachsmuth, Curt** Das alte Griechenland im neuen * **Weber, Paul** Beiträge zu Dürers Weltanschauung * **Wecklein, Nikolaus** Textkritische Studien zu den griechischen Tragikern * **Weinhold, Karl** Die heidnische Totenbestattung in Deutschland * **Wellmann, Max** Die pneumatische Schule bis auf Archigenes - in ihrer Entwickelung dargestellt * **Wernher, Adolf** Die Bestattung der Toten in Bezug auf Hygiene, geschichtliche Entwicklung und gesetzliche Bestimmungen * **Weygandt, Wilhelm** Abnorme Charaktere in der dramatischen Literatur. Shakespeare - Goethe - Ibsen - Gerhart Hauptmann * **Wlassak, Moriz** Zum römischen Provinzialprozeß * **Wulffen, Erich** Kriminalpädagogik: Ein Erziehungsbuch * **Wundt, Wilhelm** Reden und Aufsätze * **Zallinger, Otto** Die Ringgaben bei der Heirat und das Zusammengeben im mittelalterlich-deutschem Recht * **Zoozmann, Richard** Hans Sachs und die Reformation - In Gedichten und Prosastücken, Reihe ReligioSus Band III

www.severus-verlag.de

www.ingramcontent.com/pod-product-compliance
Lightning Source LLC
Chambersburg PA
CBHW032105300426
44116CB00007B/890